दिल की आवाज

कुछ विचार शब्दों के

आनंद कुमार यादव

ISBN 979-888591359-1

सबसे पहले, मैं अपने जीवन के उद्देश्य की दिशा में मेरा मार्गदर्शन करने के लिए ब्रह्मांड की प्रशंसा करता हूं ।

मैं अपने प्रिय और सुंदर पाठकों जो मेरी पहली किताब खरीदी शुक्रिया अदा करना चाहते हैं।

क्रम-सूची

क्रम-सूची

क्रम-सूची

क्रम-सूची

क्रम-सूची

क्रम-सूची

भूमिका

लोग अपने जीवन में व्यस्त हैं और निराश हो रहे हैं। कविताएँ ऊर्जा पैदा करती हैं जिससे हर कोई ताजा महसूस करता है। हर कविता वास्तविकता पर आधारित है। यह निराश में आशा की शक्ति देता है। कविताएँ दिल को छूती है और एक उत्साही शक्ति का विकास करती है। कविताएँ मन की खुशी और शांति हैं। कविताएँ आध्यात्मिक शक्ति का अहसास कराती हैं। कविताएँ जीवन की वास्तविकता को उजागर करती है। यह दुख और खुशी की भावना व्यक्त करती है। यह किताब सांसारिक गतिबिधियों का वर्णन करती है।बीते हुए लम्हों और इतिहास को उजागर करती है।

1. अरमाँन

कठिन डगर में पैगाम लिए बैठा हूँ,
तूफानों का एक रफ्तार लिए बैठा हूँ,
आँखों में एक किरदार लिए बैठा हूँ,
दिल में सपनों का अरमाँन लिए बैठा हूँ।
हवाओं का गतिमान लिए बैठा हूं,
मंजिल की पहचान लिए बैठा हूँ,
जिंदगी में एक ख्वाब लिए बैठा हूँ,
दिल में सपनों का अरमाँन लिए बैठा हूँ।

2. आँसू

मेरे नैनों में आँसू आये,
जब तुम नजर आये।
दिल को सुकून आये,
जब तुम याद आये।
तुझे आंखों में भर लूँ,
जब तुम करीब आये।
हर पल की चाहत करु,
जब तुम सपनो में आये।

3. एक दर्द बताऊ कैसे

जिन्दगी ख्वाबों में सजाऊँ कैसे,
तन्हा जिन्दगी में खुशियाँ लाऊँ कैसे,
आँसओ को छिपाऊँ कैसे,
तड़पे दिल यादों में सुनाऊँ कैसे,
एक दर्द बताऊँ कैसे।
अंधेरों में रोशनी लाऊँ कैसे,
पवित्र रिश्ता हैं समझाऊँ कैसे,
दिल में किसी को बसाऊँ कैसे,
एक दर्द बताऊँ कैसे।

4. शहीद भगत सिंह

जन्म 28 सितम्बर 1907 लायलपूर के वासी थे,
माता बिद्यावती कौर पिता सरदार किशन सिंह थे,
छात्र एक मेधावी भारत माँ के पुत्र हिन्दुस्तान के वासी थे,
देश के लिए जज्बाती थे।
13 अप्रैल 1919 जलियाबाग वाला काण्ड की लहर जब देखे,
भारत देश को आजाद कराने की प्रतिज्ञा कर बैठे,
जज्बातों से भरे नौजवानों का संगठन कर बैठे,
चन्द्र शेखर आजाद, सुखदेव और राजगुरु से हाथ मिला बैठे,
आजादी की समाँ जला बैठे।
भारत माँ की सौगंध लेकर बोले,
लाला लाजपत राय के प्रतिशोध की ज्वाला जलायेंगे,
खून की नदियाँ बहायेंगे,
अंग्रेजों को भारत से भगायेंगे,
भारत को आजाद करायेंगे।
किए धमाका बम का केन्द्रीय संसद में,
मच गया हड़कम्म अंग्रेजों के बीच में।
नहीं डरे नहीं झुके देश के लिए लडे,
हजारों कोड़े जब उन पर पड़े,
एक हाथ भारत माँ की जयकारा करें एक हाथ तिरंगा लिए खड़े।
जलाई प्रतिशोध की ज्वाला एक चिंगारी उनके अन्दर आकर,
किए तांडव भारी ए.एस.पी साण्डर्स को मारकर,
चला दल उनका हाथों में हाथ मिलाकर,

भारत माँ की जयकार लगाकर।
आ पडी अमर होने की घड़ी,
23 मार्च 1931 को गले में फाँसी पड़ी,
तब भारत माँ ने बोल पडी,
आजा मेरे लाल तेरे स्वागत में आँचल फैलाकर हूँ खड़ी,
हसते-हसते फाँसी जब गले में पड़ी,
ज़ुबाँ से जवाँ निकल पड़ी,
बन्दे मातरम्- बन्दे मातरम्।
अमर हो चले भारत माँ के लाल,
आज हम करते हैं उनको याद,
यही हैं मेरी सबसे फरियाद।
आओ मिलकर करते हैं नमन् ,
जो करते थे वतन के जतन,
हाथ उठाकर करें उनको नमन्,
बन्दे मातरम्- बन्दे मातरम्।

5. वादा

आसमान में सितारे नजर आते हैं,
हमें बुलाते हम मुस्कराते हैं।
जिन्दगी में रोशनी हमारी हैं,
धरती पर चाँद की सिफारिश हैं।
प्यार की दरिया में प्यार की निशानी हैं,
तेरी मेरी जिन्दगी की क्या कहानी हैं,
कहीं दिन की तो कहीं रात की रानी हैं।
धरती गगन के रिश्तों में आते इरादे,
वह तोड़ नहीं देते अपने वादे।
समझ न सका उनका इरादा,
फिर क्यों किया उसने वादा।

6. यही सपनों की उड़ान है

आसमां को छू लेंगे हम,
हारेंगे ना कभी हम,
कुछ करके दिखायेंगे हम,
यही सपनों की उड़ान है।
हैं सपना बस यही ऊँचाइयों पर,
चढते हुए हर मंजिल पायेंगे हम,
यही सपनों की उड़ान है।
ना भूख हैं ना प्यास है,
रास्ते में चुनौतियों की आशा है,
यही सपनों की उड़ान है।
हर चुनौती में सफलता की साज है,
दिल में ना जाने कैसी आग है,
यही सपनों की उड़ान है।
हवाओं से तेज मंजिल का एहसास है,
अब मंजिल की केवल प्यास है,
यही सपनों की उड़ान है।
बाधाओ को भी इंतेजार है,
तोड़ने का पूरा विश्वास है,
यही सपनों की उड़ान है।

7. दो पल की जिन्दगी जी ले यहाँ

कर ले निशानी हर पल की यहाँ,
जमाने की धून में ना रम यहाँ,
अपने दिल की सुन ले यहाँ,
दो पल की जिन्दगी जी ले यहाँ।
मुश्किलों का सामना कर ले यहाँ,
चलते -चलते आगे चल दे यहाँ,
आँखों में अपना सपना सजा ले यहाँ,
दो पल की जिन्दगी जी ले यहाँ।
कुछ निशानी छोड़ जा यहाँ,
जमाना याद करें हर पल यहाँ,
गलत रास्ते पर ना चलना यहाँ,
दो पल की जिन्दगी जी ले यहाँ।
गरीबों का सहायता कर ले यहाँ,
ख्वाबों को उम्मीदों में बसा ले यहाँ,
टिमटिमाते तारों में रास्ता बना ले यहाँ,
दो पल की जिन्दगी जी ले यहाँ।
चाँद की रोशनी में पैर बढ़ा ले यहाँ,
सूरज की रोशनी में कुछ पल जी ले यहाँ,
आग की चिंगारी को ज्वाला बना ले यहाँ,
दो पल की जिन्दगी जी ले यहाँ।
अपने विश्वास को बना ले यहाँ,
संघर्ष का सामना कर ले यहाँ,

रास्तों की दीवारों को तोड़ दे यहाँ,
दो पल की जिन्दगी जी ले यहाँ ।
आँखों में सपना पुरा कर ले यहाँ,
काम को दिल में बसा ले यहाँ,
बुराइओ से दूर रास्ता बना ले यहाँ,
दो पल की जिन्दगी जी ले यहाँ।
रोशन होगा नाम एक दिन यहाँ,
जिन्दगी कुछ पल की मेहमान यहाँ,
दूर गये तुमसे नफरत नही यहाँ,
दो पल की जिन्दगी जी ले यहाँ।
कुछ पल तेरे साथ बीता चले यहाँ,
हासिल करों ऐसा मुकाम यहाँ,
मिलने के लिए व्याकुल हो यहाँ,
दो पल की जिन्दगी जी ले यहाँ।

8. सच्चाई

सच्चाई एक कड़वी बूटी हैं,
सभी लोग इसका सेवन नहीं कर सकते हैं।
करने वाले जिन्दगी से स्वस्थ रहते हैं
ना करने वाले समस्याओं से व्यस्त रहते हैं।
रास्ते कठिन इसमें होते हैं,
सच्चे रास्ते पर चलने वाले विजयी होते हैं।

9. माँ

जिन्दगी की मुस्कान हो तुम,
दिल की आवाज हो तुम।
आँखों में बसे ख्वाब हो तुम,
मंजिल की पहचान हो तुम।
संघर्ष में रोशनी की दीवार हो तुम,
गर्मी में पेड़ों की छाँव हो तुम।
ममता की भण्डार हो तुम,
पृथ्वी पर देवी की अवतार हो तुम।
इनकी ममता कभी कम नही होती है,
कोई साथ दे या ना दे इनकी दुआ साथ देती है।
लफ्जों में बयाँ कैसे करु,
इनसे ही लफ्जों की शुरुआत होती है।
आँखों के पलकों पर बिठाये रखती है,
गम में भी खुशीओं का एक एहसास रखती है।
नौ महिनें कष्ट को सहकर हर पल पास रखती है,
जी लो बची जिंदगी माँ के साथ,
माँ ही दुनियाँ की सबसे बड़ी माँ होती है।

10. डोली

माता-पिता की लाडली आज कहाँ चली,
सज-धज कर डोली अपने साजन के घर चली।
आँखों में आँसू खुशियों की बहार ले चली,
माँ की प्यारी पिता की लाडली आज कहाँ चली,
सज-धज कर डोली अपने साजन के घर चली।
भाई-बहन दोस्ती की कहानी बन चली,
खेले खाये साथ एक जिन्दगानी चली,
सज-धज कर डोली अपने साजन के घर चली।
अपना घर छोड़ पराये घर की बन चली,
सारी यादें प्यार को आज छोड़ चली,
सज-धज कर डोली अपने साजन के घर चली।

11. हमसफर

कभी तो मिला दो उनसे जो मेरे जिंदगी में आने वाला है,
दीपक जलाये लाखों फिर भी ना कोई दिखने वाला है,
दिल में बन्द रखूँ उनको जो मेरा होने वाला है,
कभी तो मिला दो जो आने वाला है।
इतना प्यार दू उनको जो मेरा तकदीर बनने वाला है,
हाथों में हाथ लिए हर पल साथ चलने वाला है,
मिला दो उनसे जो दिल में बसाने वाला है,
कभी तो मिला दो जो आने वाला है।
दिखा दो उनको जो प्यार करने वाला है,
बता दो हमें जो हमसफर होने वाला है,
जिंदगी की एक कहानी बनने वाला है,
कभी तो मिला दो जो आने वाला है।

12. ओंस

पहाड़ों पर सुन्दर-सुन्दर बूँदें,
सूरज की लालिमा की किरणें,
स्वागत में धरा की चुम्बन करे।
चमकदार रंगों का है प्यार,
कुदरत से भरा ये करिश्मा,
करिश्मा से भरा ये संसार।
पत्ते-पत्ते बिखेरते होंठों की मुस्कान,
झूम उठीं कलिया सुनहरी घटाओ में,
बूँदों का मधुर-मधुर सी लिए जलपान।

13. चेहरा

पल भर काफी है की तेरा चेहरा देखूँ,
हर पल काफी है की तुमको याद करूँ।
तेरा चेहरा आँखों में है,
कैसे किसी से फरियाद करूँ।
कोमल हाथों से खाया पल याद करूँ,
धड़कनों को बेहिसाब करूँ।

14. एक सपना नही तो क्या था

नजरें मिली तो झुक गयी उनकी,
आँखों में एक नर्मी सी आ गयीं उनकी,
एक सपना नही तो क्या था।
रेशम की बालों में लिपटी उँगली,
सितारों जैसी थी चमक,
फूलों जैसी थी महक,
घनघोर घटाओ सी जुल्फें,
एक सपना नही तो क्या था।
कोयल जैसी बोली,
हिरनी जैसी चाल,
हवाओ में लहराते केश,
अदाओं से है भरा प्यार,
एक सपना नही तो क्या था।

15. झरना

झरनों की आवाजों सा ना कोई मीठा गीत है,
सभी सुरों का भण्डार जिसका ना कोई अतीत है।
राहों में मिले कंकण, लकड़ियों का ढेर है,
ना किसी से भयभीत चलता एक पथिक है।
हवाओं के साथ मिलकर चले जो जिन्दगी की सीख है,
रुकावटों को उखाड़ फेंके एक शक्ति का प्रतीक है।
नदियों, तालाबों और छोटे-गड्ढों के जिन्दगी की एक नींव है,
तूफानों से लड़ना और लड़कर आगे बढना इसकी एक रिती है।
जिन्दगी जीने का एक मीत है,
झरनों की आवाजों सा ना कोई मीठा गीत है।

16. दरिंदों की दरिंदगी

ना जाने दरिंदों की दरिंदगी कब दूर होगी,
नन्ही, मुन्नी प्यारी बच्चियाँ कब सेफ होगी,
सामूहिक बलात्कार की दुनियाँ कब दूर होगी,
ना जाने दरिंदों की दरिंदगी कब दूर होगी।
ना कोई सजा ना कोई उम्र कैद,
जिन्दगी की कब आखिरी डेट होगी,
ना कोई कायदा-कानून,
काटो मुख्य भाग सजा कि रेट होगी,
ना जाने दरिंदों की दरिंदगी कब दूर होगी।

17. बहादुर लड़कियाँ

देश कि बहादुर लड़कियाँ,
तुमको डटकर चलना है,
तुमको दुनियाँ से लड़ना है,
तुमको आगे बढना है,
कुछ दरिंदों को सबक सिखाना है,
देश कि बहादुर लड़कियाँ....
पुरुषों से कन्धा से कन्धा मिलाकर चली हो,
विदेशों में देश का नाम रोशन की हो,
फिर पुरुषों जैसा जीना क्यों ना हो,
मेरे देश की शान, मान और आन हो,
देश कि बहादुर लड़कियाँ....

18. अदायेँ

आँसूओ में मिले ये दिल की आवाम है,
जुल्फों की घटाये लगी मेंहमान है,
चारों तरफ अदाओ का पैगाम है।
आँखों में बसी एक तस्वीर तेरी है,
हर बात का दीवाना एक दिल है,
ना तेरे जैसा दूजा कोइ यहाँ है।

19. हौसला

तेरी कोशिश हैं ज़मीं से आसमान पर उड़ जाना,
ना हवा का झोंका ना तिनके का सहारा है,
चलती फ़िज़ा में कही रुक ना जाना।
हौसलों में उड़ान हैं तेरे,
पंख नहीं फिर भी अंगार हैं तेरे,
सिने में लगी एक आग है तेरे।
ख्वाबों से मिला एक दरिया बनकर,
चल दिया दिशा में एक तुफान बनकर,
काली घटाओं से नहीं डरना है तुमको यहाँ,
घटाए आयी है एक मेंहमांन बनकर।
सुखी हुयी वसुधा से निकलो पानी की एक फूहार बनकर,
चलो इस पथरिली वादियों पर एक खिताब बनकर,
चाहत की नजरों में एक हौसला है मंजिल की प्यास बनकर।

20. फिर भी जिन्दगी के नग्मा गाया

कमल के फूल ख्वाबों में सींचे,
गुलाब का फूल हाथों में लेकर,
फिर भी जिंदगी के नग्मा गाया।
काँटों का एहसास नहीं था,
टुटी जिंदगी का कुछ आस नही था,
फिर भी जिंदगी के नग्मा गाया।
सिलसिला भरा एक ख्वाब था,
कदम-कदम पर एक एहसास था,
फिर भी जिंदगी के नग्मा गाया।
प्यार भरे फूलों की प्यास थी,
जिंदगी ना जाने कितनी उदास थी,
फिर भी जिंदगी के नग्मा गाया।

21. उदास ज़िन्दगी नहीं जो तुमने बनाया

वर्षों से सोचा क्या पाया,
चाहत किया तो धोखा खाया,
उदास ज़िन्दगी नहीं जो तुमने बनाया।
हमसफ़र की तमन्ना से हमसफ़र बनाया,
रास्ते टूट गए किनारे पर रोया,
उदास ज़िन्दगी नहीं जो तुमने बनाया।
दिल से मिला आँखों में बसाया,
नारजगी को भी अपने दिल से लगाया,
उदास ज़िन्दगी नहीं जो तुमने बनाया।
क़ाफ़िले संवरे और सजे क्षत्र छाया,
करूँ मन्नतें हमेशा सुखी हो काया,
उदास ज़िन्दगी नहीं जो तुमने बनाया।

22. मंज़िल

तरक्की की दीवारों को पाना आसान नहीं,
हार कर जितना कोई कठिन काम नहीं।
जीत की ख़ुशी हार के बाद होती है,
जीत की तालीम जब मुट्ठी में होती है।
अपने लक्ष्य को पा जाओ,
मुश्किलों से निकल जाओ।
हौसलों का पंख लगाओ,
हिम्मत की उड़ान भर जाओ।
हार से मत घबराओ,
मंज़िल का बिगुल बजाओ।

23. बलात्कार

कैसी ये दुनियाँ कैसा ये देश,
चाहत की गहराई में नहीं,
प्यार की रुसवाई में नहीं,
क्यों करते हैं एक दूसरे से द्वेष।
कभी ज़िन्दगी तो कभी प्यार,
रिश्तों को बनाते हैं चुटकुले,
ऐसे हैं इस देश में कुछ लोग,
कैसी ये दुनियाँ कैसा ये देश,
पल भर में बदलता है भेष।

24. अधूरे वादे

हैं अधूरे वादे जो आँखों में सजी है,
ज़िन्दगी हैं मेरी ना जाने दिल में क्यों बसी है,
हवाओं में ऋतु बनकर चली हैं।
ज़िन्दगी के ख्वाबों एक ख्वाब बनकर बसी है,
चाहत भरी निगाहों में एक चाहत बनकर चली है,
हैं अधूरे वादे जो आँखों में सजी है।
दहकते दिल में एक धड़कन बनी है,
मुस्कराहट एक प्यार की कहानी बनी है,
छलकती आँखों के आँसू से एक जिंदगानी बनी है,
हैं अधूरे वादे जो आँखों में सजी है।
कभी फुरसत मिले तो याद कर लेना,
जिंदगी जब चलेगी दुबारा तो मुलाकात कर लेना।
मुस्किलें नहीं बड़ी होती है जहाँ में अरमाँनों से,
रास्ते कठिन नही होते हैं बुलंदियों के पैमानों से,
हट कर चलो इस जालिम दुनियाँ के बहानों से।

25. मैं सपनों की दुनिया में रहता हूँ

मैं सपनों में नहीं रहता हूँ,
सपना मेरा जिसे देखता हूँ,
मैं सपनों की दुनिया में रहता हूँ।
हर पल ख्वाब देखता हूँ,
कठिनाइयों से नहीं डरता हूँ,
मैं सपनों की दुनियाँ में रहता हूँ।
आगे चलने की हिम्मत रखता हूँ,
अपने दिन के लिए लड़ता हूँ,
मैं सपनों की दुनियाँ में रहता हूँ।

26. संघर्ष जीवन का असली रूप है

सभी का एक वजूद है,
सभी का एक फितूर है,
किसी का नहीं कोई कसूर है,
संघर्ष जीवन का असली रूप है।
चारों तरफ दिखावा का जशन ये बदतर है,
खुशी में भी लोगों की आँखों में खून है,
संघर्ष में लोगों की खुशियों का जुनून है,
संघर्ष जीवन का असली रूप हैं।
खुलकर जीया जाये जिन्दगी,
दुनियाँ जालिमों से भरा एक क्रूर है,
छुप-छुप कर वार शराफत का नूर है,
संघर्ष जीवन का असली रूप है ।

27. प्रदूषण

घर के बाहर या अन्दर ,
सभी जगह हैं समुंदर।
कारखानों और वाहनों के धुआँ,
तालाबों और नदियाँ का गंदा कुआँ।
खुलें में नहीं गंदगी फैलायें,
इससे सभी को अवगत करायें।
शुद्ध जब अशुद्ध होगा,
बीमारियों का प्रकोप होगा।
प्रदूषण भगाओ,
सभी रोगों से बचाओ।

28. वातावरण

पेड़-पौधों को नहीं काटा करो,
यही जिन्दगी के दाता हैं,
बारिश में इनका किरदार हैं,
इनको भी जिन्दगी से प्यार हैं।
मौसम बदलने में इनका अधिकार हैं,
हम सभी की तरह जिन्दगी के हकदार हैं,
इनकी वजह से जग संसार हैं,
कूदरत का दिया ये वरदान हैं।
इस धरा पर गंगा माँ भारत की एक निशानी हैं,
करो खयाल यह तो भारत की गौरवशाली हैं।
सफाई करो इनकी यह भारत के धर्म की कहानी हैं,
नदियों में पानी हम सभी की जिंदगानी हैं।

29. निर्णय

तेरा निर्णय भविष्य होगा,
निर्णय जिन्दगी का स्वाभिमान होगा,
निर्णय तेरा पहचान होगा,
निर्णय सफलता का राज होगा।
कर लिया निर्णय कुछ करना है,
चलो मंजिल की तरफ आशियाना है,
दुनियाँ तो ठुकराती है,
झोला खाली फिर भी सपने आँखों में है।
काँटों और ज्वालों से भरी यह दुनियाँ है,
नहीं साथ नहीं पास बस एक एहसास है।
निर्णय लिया आगे जाने का,
पथ इंतजार में है तेरे खडा।
निर्णय ही एक ठिकाना है,
चलो मंजिल की तरफ आशियाना है।

30. उमंग

इस कदर नहीं चलो की मंजिल रूठ जाये,
इस कदर नहीं चलो की जमाना छूट जाये।
तेरी उड़ान तेरी हमसफर बन जाये,
मंजिल तेरी जिगर बन जाये।
हौसले तेरी नजर बन जाये,
जिंदगी जीने की एक उमंग बन जाये।
दुनियाँ में सबका इम्तेहान होता है,
असफलता से सफलता का ज्ञान होता है।
मंजिल के लिये एक पैगाम होता है,
उमंग से भरी एक दिदार होता है।

31. किनारा

दिन का एक किनारा आँखों में कोई सहारा नहीं,
पैरो में काँटा राहों में किसी का गुजारा नहीं,
काँटों पर चलना फितरत किसी का इशारा नहीं,
आँखों में सपनों का दीप उजाला नहीं,
फूलों का पथ विश्वास हमारा सही,
दिन का एक किनारा नहीं।
देखा उनको तो आँखों में एक सैलाब का किनारा,
दिल की धड़कनों में खिला एक गुलाब का तिजारा,
चाहा एक पल प्यार करु कोई मिल गया हमारा,
ख्वाइशें पुरी हुयी दिन का हो गया कैसे गुजारा।
चलती फि.जाओ में मिल गया याराना,
महफिलों में सजी दिवानगी का एक खजाना,
दिवानों को दिलदार का मिल गया एक अफसाना,
सुगंधित हवाओं का एक साज बन गया एक नजराना।
कदम कदम पर छिन्न जाता निवाला,
जमीं से आसमाँ नजर आता सितारा,
दिल की धड़कने दिल का सहारा,
बन्द आँखों में सपनों का एक किनारा।

32. दरिया

दरिया जिंदगी की एक पड़ाव है,
साहिल पर बैठकर एक ख्वाब है।
पार करूँ कैसे किनारों को,
लड़ना हैं साहिल की घटाओ से।
लहरों में एक कश्ती हैं,
मेरी जिंदगी तो यही रहती हैं।
दिल का एक सुकून मिलता है,
लहरों का एक जुनून होता है।

33. खत में नहीं लिखा

दीवारों पर जो खत में नहीं लिखा,
इबादत खुदा से जमाने में क्या दिखा,
जिंदगी हर पल कुछ तो कुछ लिखा।
एक दूसरे से करते नफरत,
पल भर की जिंदगी में क्या लिखा,
दीवारों पर जो खत में नहीं लिखा।

34. यह कैसी आजादी मना रहे हैं

सामूहिक बलात्कार हो रहे हैं,
किसानों का दहन हो रहा हैं,
महिलाओं का यौन शोषण हो रहे हैं,
यह कैसी आजादी मना रहे हैं।
पहनने के लिये कपड़े नहीं,
दो वक्त की रोटी नहीं,
जरा उनसे पुछो आजादी,
यह कैसी आजादी मना रहे हैं।
हाथों में तिरंगे उनके,
जिंदगी की हर एक दहलीज सुना रही हैं,
चलते फिरते रास्तों पर,
स्टेशनों के पायदानों पर,
अपने जिंदगी की आजीविका चला रहे हैं,
यह कैसी आजादी मना रहे।
वीरों ने प्राणों का बलिदान दिया,
सोने की चिड़िया को एक नया उड़ान दिया,
माँ, बहनें सुहागों का भेंट दिया,
जरा उनसे पुछो आजादी,
यह कैसी आजादी मना रहे हैं।
इनसान- इनसान का दुश्मन बन गये हैं,
अत्याचार जोरों से बढ रहे हैं,
दहेज प्रथा का अभी भी बोल बाले हैं,

यह कैसी आजादी मना रहे हैं।
सब कुछ भुलाकर तिरंगा लहरा रहे हैं,
एक छोटा सा प्रेम का दिखावा कर रहे हैं,
वीरों को भुलाकर एक नारा लगा रहे हैं,
यह कैसी आजादी मना रहे हैं।
महिलाओं का सम्मान करो,
हिम्मत से भरा यह सारा जहाँ इनसे है।
लड़कियों पर स्वाभिमान करो
भारत माँ को प्रणाम करो,
आपसी भेद भाव को परिष्कार करो,
आजादी का नव निर्माण करो।
मुसलिम, सिख, ईसाई नहीं कोई हिन्दू,
हम सभी है एक दूसरे के बन्धू।
आपस में प्रेम-भाव बढाओ,
एक दूसरे का साथ निभाओ,
देश के दुश्मनों को देश से भगाओ,
लड़कियों को घर-घर पढाओ,
एक नई रोशनी जलाओ।
बुजूर्गों का सहारा बनो,
गरीबों का एक किनारा बनो,
एक दीपक उजाला बनो।
एक दूसरों को रोशनी दिखाओ,
गिरे हुये को उठाओ,
अन्धों को राह दिखाओ,
भारत माता का सम्मान बढाओ,
फिर एक ऐसी आजादी मनाओ।

35. ख़्वाब की दरिया

तेरे ख़्वाब की दरिया क्यों नहीं दिखता है,
कभी चलता है तो कभी आँखों में रहता है,
तेरे ख़्वाब की दरिया.......।
तेरे ख्वाब की दरिया क्यों रह जाती है,
तेरे ख्वाब की दरिया क्यों सरमाती है,
ये ज़िंदगी जब गुनगुनाती है।
जब हम चलते हैं राहों पर,
हम सफ़र में ना सफर निकलते है,
तेरे ख्वाब की दरिया में कितने-कितने ख्वाब बुनते है।
तेरे ख्वाब की दरिया कभी नज़र नहीं आती है,
कभी आँखों में बुनते हैं तो कभी दिल में नजर आती है।
तेरे ख्वाब की दरिया है,
जो हौसलों में निकलती है,
आँखों में बसती है।
आसमानों पर चढ़ जाना है,
इस जहाँ में छा जाना है,
ख़्वाब की दरिया बह जाना है,
अब जिद्द है करके दिखाना।

36. वीरों की गाथा

धरती गगन से सलाम भेजता हूँ,
पूरे देश का पैगाम भेजता हूँ,
आज इस महफिल में वीरों की गाथा सुनाता हूँ,
खुनों से लथपथ धरती माँ को सिंचे,
बलिदानों से किया देश का हिफाजत,
नहीं कोई आपसी भेद-भाव था,
एक दूजे के लिए लड़ते थे,
कितनों ने सिनें पर गोलियाँ खायी,
कितनों के उपर कोड़े बरसे,
कितनों को फाँसी मिली,
कितनों को आजीवन कारावास,
फिर भी डटे रहे आखिरी साँसों तक,
छूट गया देश दुश्मनों के चंगुल से,
वीरों की जितना भी कहूँ गाथा,
यह गाथा कम है..................

37. ना एक पल तेरे बिन

प्यार के आँसू में नहीं कोई मरहम,
चमकते सितारों में अजनबी बन गये हम,
एक-एक बूँद आँसू के मोती से नहीं कम,
तेरी बातों-बातों में आँखें होती नम,
तुम भूल जाओ कैसे रहें हम,
ना एक पल तेरे बिन
किया वादा साथ मिलकर चलेंगे हम,
बीच में छोड़ा अकेले रह गये हम,
दुःख नहीं दिया दोषी बन गये हम,
काली पट्टी आँखों पर थी हर पल,
ना एक पल तेरे बिन।

38. पथिक

नहीं जमीं नहीं आसमां दिखे,
तेरे सपनों का एक दीप जले।
सागर की गहराइयों सा शान्त,
तेरे ईरादें हो तेरे स्वाभिमान।
सूरज की रोशनी सा प्रकाशवान,
चाँदनी रातों की तरह शीलवान।
जिन्दगी एक राज बताती है,
असफलता ही सफलता की राह दिखाती है।
धीरज का एक साज सजाती है,
मंजिल को पास बुलाती है।
चट्टानों और हवाओं को मोडने का एक राज बताती है,
पथिक आगे बढ चलो यही एक साज सजाती है।
जिन्दगी तेरी जीने की कला बनाती है,
राही हो तुम चलना सिखाती है।
जमाने में मुश्किलें तुमको मजबूत बनाती है,
चलती राहों में एक राह दिखाती है।

39. अरमाँन नहीं की समाँ जल जाये

बातों-बातों में नहीं की बातें बन जाये,
आँखों-आँखों से नहीं की आँखें लड़ जाये,
प्यार होता है दिल से जब दूजे हो जाये,
अरमाँन नहीं की समाँ जल जाये।
हम पर खुदा की रहमत हो जाये,
कोई साथी प्यारा सा मिल जाये,
सूखे पेड़ो पर नव निर्माण हो जाये,
दर्द में कोई हमदर्द बन जाये,
अरमाँन नहीं की समाँ जल जाये।

40. मन

हवाओं से आगे किसी का बस नहीं,
प्रेम में कोई सोर नहीं,
रिश्तों के बन्धन में कोई डोर नहीं,
मन कोमल कमजोर नहीं।
ऐसा राही जिसका कोई छोर नहीं,
भटकाने से भटकता है कोई झकझोर नहीं,
सही दिशा में सफलता का कोई मोल नहीं,
मन कोमल कमजोर नहीं।

41. तन मन का मिलन है

प्यार में एक हमसफर है,
नहीं यहाँ-वहाँ की कोई डगर है,
जिन्दगी के हर मोड़ पर खबर है,
तन मन का मिलन है ।
नहीं चल इधर-उधर,
जिन्दगी अड़चनों की डगर है,
अड़चनों से नहीं कोई डर है,
अपने ख्वाबों की कदर है,
जिन्दगी का हमसफर है,
तन मन का मिलन है।
गिर कर उठना उठ कर गिरना है,
यही है जिन्दगी का हमसफर है,
तन मन का मिलन है।

42. धर्म क्यों अनेक

हवा, पानी, वसुधा और नभ है एक,
ईश्वर, अल्ला, ईशा और गौतम बुद्ध है एक,
तो फिर यह धर्म है क्यों अनेक।
क्यों लड़ते है धर्म को लेकर,
धर्म भी है एक,
सूरज की रोशनी एक,
चन्द्रमा है एक,
तो फिर यह धर्म है क्यों अनेक।
नहीं कोई हिन्दू, मुसलिम, सिख, ईसाई,
यह तो तेरा बनाया एक ढोंग है भाई।
सब कुछ है एक,
जीने की कला करो एक,
नहीं लड़ो आपस में यह जहाँ है एक,
तो फिर यह धर्म है क्यों अनेक।
घर की दीवारों का सब एक,
फिर भेद-भाव क्यों अनेक,
देश एक सब कुछ एक,
यह तो हम सभी का बनाया हुआ है द्वेश,
तो फिर यह धर्म है क्यों अनेक।

43. तेरे नजर में देखा

मेरी नहीं कद्र है तेरी आँखों में,
तेरी नजर में देखा जनाजा उठकर जा रहा है।
दिल का बहाना लिए जा रहा है,
कभी फुरसत मिले तो याद करना,
पल जो बीता जा रहा है,
तेरी नजर में देखा जनाजा उठकर जा रहा है।
पल-पल जो सितम दिया,
ना जाने क्यों याद आ रहा है,
तेरी नजर में देखा जनाजा उठकर जा रहा है।

44. पैसा

जिन्दगी में नहीं कोई साथ है,
पैसों की नहीं कोई आशा है,
नजर में नहीं कोई सम्मान है,
नहीं कोई साथी नहीं कोई पास है,
नहीं किसी से कोई मुलाकात है।
तेरी धड़कनें तेरे पास है,
तेरी सोच का एक एहसास है,
मुश्किलें तेरे साहस की सौगात है,
दिन आयेगा जब पैसों की बरसात है।
दुनियाँ पैसों का एक खिलौना है,
जहाँ पैसा वहीं जमाना है,
माँ की ममता ही सबसे बड़ा खजाना है,
नहीं कोई कन्हैया और राधा का दीवाना है,
पैसों पर टिका यह जमाना है।
नहीं दिल का कोई रिश्ता है,
पैसों से आशिकाना है,
तेरा मेरा क्या एक दिन मर जाना है।
रिश्तों में एक दीवार बन जाती है,
अपनों के नजरों में सम्मान निगल जाती है,
लोगों की कीमत जिन्दगी बता जाती है।
अच्छे-बुरे वक्त जिन्दगी में जब आते हैं,
कुछ बातें यह वक्त बता जाते हैं,
अच्छे-बुरे मित्रों और रिश्तों की पहचान कराते है।

पैसों की जिन्दगी पैसों पर ढल जाती है,
मिट्टी की काया मिट्टी में मिल जाती है।

45. व्यथा

नहीं किसी से कोई उम्मीद है,
जिन्दगी सोच में पड़ी एक गीत है।
मुश्किलें सामने खड़ी एक संगीत है,
नहीं कोई आमदनी बस कला एक प्रीत है।
आँखों का पानी मोती की एक चमक होती है,
व्यथा ही एक जीने की मीत बन जाती है।
कुछ नहीं होते जब तेरे पास,
छूट जाता है लोगों का साथ।
अकेले तन्हा जिन्दगी की है कोई प्यास,
मुश्किलों से लड़ना बन गयी जिन्दगी की आस।
कितनी व्यथा है इस जमीं पर सभी के पास,
जाये तो कहाँ जाये व्यथा बन गयी एक एहसास।।

46. हकीकत

साथी नहीं कोई जब जरूरत है,
प्यार नहीं कोई जब सामने हकीकत है,
मेरी मंजिलों की किसी को नहीं शिरकत है।
सभी ठुकराते जब जरूरत है,
प्यार नहीं कोई जब सामने हकीकत है,
साथी नहीं कोई जब जरूरत है।

47. कभी सोचा नहीं था

ऐसा दिन आयेगा,
जेब में आमदनी नहीं,
बैंक बैलेंस खत्म हो जायेगा,
कभी सोचा नहीं था......
भटकता रहा इधर-उधर,
साथी नहीं और नहीं हमसफर,
ज्वाला सी चली लहर,
खतम हुई डगर देखूँ जिधर,
कभी सोचा नहीं था.....
साँसें थमी कुछ करने के लिए,
जिन्दगी है कुछ बनने के लिए,
कभी सोचा नहीं था......

48. घटायें

सुन्दर किरणों की निकली सभायें,
नहीं रंग कोई नहीं रुप कोई,
शीतलता का गुण गायें,
कुछ कह गयी यह घटायें।
बूदों-बूदों में एक गीत गुनगुनायें,
हवाओं में मधुर-मधुर एक ध्वनि जगाये,
सुखी कलियों का जीवन दान बन जाये,
कुछ कह गयी यह घटायें।
प्रलय की ज्वाला में बड़े से बड़े ढेर हो जाये,
नहीं रंग कोई नहीं रुप कोई,
कुछ कह गयी यह घटायें।

49. साजना

हवाओं की दिशा में नहीं चल रे साजना,
चले जाओगे वहाँ जहाँ नहीं जाना होगा,
उलटी दिशा में चलकर आओ मेरे पास,
मेरा जो ठिकाना वही तेरा आशियाना।
चलते-चलते जब तेरे पैर थम जाये,
तुम नहीं रुकना आगे निकल जाना,
आँखों में आँसू दिल में उमंग साजना,
मैं तेरी राह को देखूँ तुम चले आना।

50. दीवानापन

नहीं हमसफर तेरा नहीं मेरा कोई,
महफिलों में दीवानापन करें कोई।
हमें तो नहीं अन्दाजा था इसका,
तेरे इश्क में घर बर्बाद होगा उसका।
यह जमाना बन गया दीवानापन,
एक दिन बन जायेगा अवारापन।
समंदर, नदियों का दीवानापन,
हवाओं में खूशबु का दीवानापन, ,
जो दिल-दिल को तड़पाये,
यह कैसा दीवानापन।

51. सीख

हौसला है उड़ान भरने का,
तैरकर साहिल पार करने का।
लिया एक सीख अपने भटके राहों से,
भटक गया था इस दुनियाँ की बातो से,
सीखा अपने इस पल के आने से।
हर श्वास में मिली एक सीख,
जिन्दगी है पल-पल की भीख।
टूटकर मोती बिखरना नहीं,
जमीं आसमान पर उड़ना नहीं,
हिम्मत है तेरे अन्दर,
बस तुम चलना तो सही।

52. जिन्दगी

सम्हल कर चलना है,
पैरो में चुभती है।
एक ख्वाब सज़ा लो,
हिम्मत से जिन्दगी बना लो।
आज अन्धेरा है,
कल एक नई ज्योति जलेगी।
लोगों को क्या बतायें,
जिनका कोई अरमाँन नहीं।
अपने फैसलों से बढकर किसी की सलाह नहीं,
जिन्दगी में किसी की आस नहीं।
चलते हैं लोग कदम बचाकर,
तोड़ देते हैं एक पत्थर मारकर।
जिन्दगी एक शीशा टूटकर बिखर जाती है,
बिखर कर चमक जाती है।

53. नाकामी से नहीं डरना

कामयाबी कदमों में आयेगी,
लकीरों का एक एहसास है,
दिल की धड़कनों को सलाम दो,
नाकामी से नहीं डरना।
सपनों को साकार दो,
हौसलों को एक नई उड़ान दो,
दर-दर भटके यह जिन्दगी,
जिन्दगी को एक पैगाम दो,
नाकामी से नहीं डरना।
सितम सहना हंसकर,
मुश्किलों से लड़ना डटकर,
जिन्दगी का नाम चलना,
चलना कुछ बनकर,
नाकामी से नहीं डरना।
कोई किस्मत का करिश्मा नहीं,
मेहनत जिन्दगी में सही,
ख्वाबों में चलना आगे रखना,
खिसकेंगे पैर बस जरा सा सम्हलना,
मुश्किलों से लड़ना,
नाकामी से नहीं डरना।
दीप जले है सपनों के,
दिल की धड़कनों को पहचान लो,
नाकामी से नहीं डरना।

54. मंजिल कितना आजमाओगी

चल दिए रास्तों पर कितना सताओगी,
खुद पर करता हूँ भरोसा,
नहीं किस्मत को कभी देखा,
मंजिल कितना आजमाओगी।
नहीं हाथ की लकीरों को देखा,
नहीं कभी तकदीर को आजमाया,
थक जाओगी आजमाते-आजमाते,
एक दिन तुम खुद बुलाओगी,
मंजिल कितना आजमाओगी।
काँटों पर चलना क्या बताओगी,
काँटों ने तो चलना सिखाया,
तुम एक रोशनी जलाओगी,
मेरी मंजिल हमें बुलायेगी,
मंजिल कितना आजमाओगी।

55. असफलता

क्यों अपने आप से लड़ते हो,
क्यों किस्मत को दोष देते हो,
क्यों लकीरों पर विश्वास करते हो,
क्यों असफलता से डरते हो।
करो कोशिश उड़ जाने की,
गिर गया तो क्या हुआ,
अब जिद्द करो कुछ पाने का,
क्यों असफलता से डरते हो।
बड़ा नहीं तो छोटा ही सही,
रखो एक ख्वाब कुछ कर जाने की,
क्यों हार जाते हो अपने कमजोरियों से,
है पंख मजबूत तेरे अब कर तैयारी उड़ जाने की,
असफलता ही सफलता की पहचान होती है,
क्यों असफलता से डरते हो।
एक नहीं सौ बार गिरो,
कोशिश तुम हजार बार करो,
कोशिश तेरी रंग लायेगी,
क्यों असफलता से डरते हो।
जब तलक नहीं मिले मंजिल तब तक लड़ो,
अपने पथ पर हिम्मत से चलो,
असफलता ही सफलता को सजायेगी,
क्यों असफलता से डरते हो।
कठिन रास्ते

मंजिल दूर फिर भी पाना है,
एक अपनी लकीर को बनाना है,
दिल को बताना है,
यहाँ एक दिन छा जाना है,
रास्ते कठिन फिर भी जाना है।
खूँदा ने भेजा दुनियाँ में,
एक पहचान बनाना है,
आज नहीं तो कल मंजिल को पाना है,
रास्ते कठिन फिर भी जाना है।

56. मुस्कान

कभी जिन्दगी की सान बन जाओ,
एक मधु पान बन जाओ,
आँखों में आँसू है,
होंठों के मुस्कान बन जाओ।
ख्वाबों में एक ख्वाब बन जाओ,
एक प्यार की किताब बन जाओ,
दिल में साँसें है,
साँसों में एक एहसास बन जाओ।
चमकते सितारों में एक चाँद बन जाओ,
महफिल में एक साज बन जाओ,
खुदा की रहमत से जिन्दगी है,
जिन्दगी की आवाज बन जाओ,
होंठों की मुस्कान बन जाओ।

57. विश्वास

एक शोर मचा है दिल में,
हवाओं का झकझोर मचा है दिल में।
तूफानों से नहीं घबराना,
हिम्मत से आगे बढ जाना।
हवाओं का मुख मोड़ देना,
मंजिल को आशियाना बना लेना।
इस दुनियाँ में चलना है,
आज नहीं तो कल कुछ नया करना है।
अन्धेरों से नहीं घबराना,
रुख है आगे बढ जाना।
एक विश्वास है मन में,
सफलता होगी तेरे कदमों में।

58. ख्वाब वही है

रुह - रुह में एक दरिया है,
लहरों में चलना है,
तूफानों से लड़ना है,
जिन्दगी की जंग को जीतना है,
ख्वाब वही है.............
लहरों की रफ्तार रोका है,
तूफानों ने पीछे ढकेला है,
दरिया में काँटों का शैवाल है,
ख्वाब वही है.............
लहरों से तेज रफ्तार होगी मेरी,
तूफानों से नहीं मुलाकात होगी मेरी,
दरिया में काँटों से लड़ना प्यास होगी मेरी,
ख्वाब वही है.............
इरादे है सफल हो जाऊंगा,
मुश्किलों से आगे निकल जाऊंगा,
मंजिल की कारवाँ को सजाऊंगा,
ख्वाब वही है.............

59. आशा

हाथों की लकीरों में क्या लिखा है,
करम ही एक विधाता हैं,
जिन्दगी ख्वाबों से सजी एक आशा है।
दरवाजों पर गम ने दस्तक दिया,
खुशियों से स्वागत किया,
कभी खुशी तो कभी गम की जली दीया।
जिन्दगी को इस तरह सवार लूँ,
सभी के दिल में एक प्यार लूँ,
लबों पर नाम और दिल में एक गुलजार लूँ ।।

60. मन

उड़ चल रे पंछी,
यह जग बेगाना है,
यह जहाँ तुझे उड़ाया है,
निकल दरिया से जिधर जाना है,
नहीं कोई ठिकाना और नहीं आशियाना है।
आसमान तेरा दीवाना है,
जमीं तेरा आशियाना है,
निकल चल दरिया से आज उड़ जाना है,
मंजिल तेरा खजाना है,
उड़ चल रे पंछी..........।

61. मिला दो हमें

हे भगवान हमें ऐसी शक्ति दो जिधर जाना है,
मुझे मेरे हौसलों से मिला दो जिधर जाना है।
मुझे मेरे इरादों से मिला दो जिधर जाना है,
मुझे मेरे जज्बातों से मिला दो जिधर जाना है।
मुझे मेरे सितारों से मिला दो जिधर जाना है,
मुझे मेरे सपनों से मिला दो जिसे पाना है।
मुझे मेरी हिम्मत से मिला दो जिधर जाना है,
मुझे मेरी हवाओं से मिला दो जिधर बहना है।
मुझे, मेरी समुद्र की से मिला दो जिधर चलना है,
मुझे, मेरी संघर्ष की सीमा से मिला दो पार करना है।
मुझे, मेरी पर्वत की ऊंचाइयों से मिला दो जिसे चलना है,
मुझे, मेरे खिताबों से सज़ा दो जिधर जाना है।
मुझे, मेरी घड़ियों से मिला दो जिधर जाना है,
मुझे, मेरी एक-एक बूँद से मिला दो जिधर शांत रहना है।
मुझे, मेरे विचारों से मिला दो जिधर नया रुप लेना है,
मुझे, मेरी पतंग की डोरी से मिला दो जिधर टूट कर भी उड़ना है।
मुझे, मेरे परिश्रम से मिला दो जिधर लहराना परचम है,
मुझे, मेरे आँसुओं से मिला दो जिधर खुशी में निकलना है।
मुझे, मेरी कमियों से मिला दो जिससे बचना है,
मुझे, मेरी कमियों से मिला दो जिसमें डूब जाना है।
मुझे, मेरी गलतीं से मिला दो जिससे सीखना है,
मुझे, मेरी लहरों से मिला दो जिधर चलना है।

मुझे, मेरे असम्भव से मिला दो जिसे सम्भव करना है,
मुझे, मेरी मंजिल से मिला दो जिधर जाना है।
मुझे, मेरी शौक से मिला दो जिधर जाना है,
मुझे, दुनियाँ में फैला दो सभी के लबों पर छाना है।
मुझे, मेरी मंजिल से मिला दो जिधर जाना है,
मुझे, मेरे असम्भव से मिला दो जिसे सम्भव करना है।

62. दुनियाँ की हसरतों में कहीं डूब नहीं जाना

मंजिल है तेरी तू है इसका ठिकाना,
दुनियाँ है एक उड़ता परिंदा,
नहीं कोई तेरा नहीं कोई मेरा सब है बेगाना,
दुनियाँ की हसरतों में कहीं डूब नहीं जाना।
जिंदगी है हर गम में रोकर मुस्कराना,
महफिलें है तो है इसको सजाना,
मंजिल है तेरी तू है इसका ठिकाना,
दुनियाँ की हसरतों में कहीं डूब नहीं जाना
जिंदगी में जब लड़खड़ाना कदम नहीं हटाना,
किसी के रोकने से कहीं तुम रुक नहीं जाना,
जिन्दगी में है आना जाना,
दुनियाँ की हसरतों में कहीं डूब नहीं जाना।
नहीं वक्त तेरा नहीं मेरा इसे है अपना बनाना,
कठिन रास्तों पर संघर्ष है सुहाना,
आज नहीं तो कल मंजिल को है पाना,
दुनियाँ की हसरतों में कहीं डूब नहीं जाना।

63. तुझे चलना है

तेरी मंजिल तेरी सपना है,
मुश्किलों से नहीं डरना है,
विश्वास से आगे बढना है,
जिन्दगी में कुछ हासिल करना है,
तुझे चलना है......................
नहीं कभी रुकना है,
नहीं कभी हारना है,
कदम को नहीं हटाना है,
संघर्ष ही सफलता का आशियाना है,
तुझे चलना है......................
एक नाम कमाना है,
सूरज बनकर चमकना है,
बादलों की तरह गरजना है,
बिजली की तरह तड़कना है,
तुझे चलना है......................

64. हमें तुमसे मोहब्बत नहीं

मुझे तेरी जरूरत नहीं,
हम तो चले अपनी दुनियाँ में,
जहाँ कोई हिफाजत नहीं,
हमें तुमसे मोहब्बत नहीं।
है बसेरा जहाँ कोई किनारा नहीं,
होती है दूरियाँ जहाँ कोई सहारा नहीं,
ख्वाबों से मोहब्हत कोई हमारा नहीं,
हमें तुमसे मोहब्बत नहीं।
आँखों में आँसू कोई पानी नहीं,
चेहरे की झलक कोई गवारा नहीं,
तेरा कोई सितारा नहीं,
हमें तुमसे मोहब्बत नहीं।

65. उदास

तेरे मन में है विश्वास,
रास्तों पर है सफलता की प्यास,
कामयाबी होगी एक दिन पास,
नहीं करेगा कोई परिहास,
नहीं होना कभी उदास।
बड़े सपनों में बड़े-बड़े इम्तेहान,
छोटे-छोटे कदमों से आगे चलना,
चलकर सपनों की भर लो उड़ान।
मीलों फैले कदमों की आहट,
लीक से हटकर चलने की नजाकत,
दूख के बादल छट जायेंगे,
जिन्दगी की करो हिफाजत।

66. दिल की कलम से

जिन्दगी अपना मोल लेती है,
दिल के सच्चे दुनियाँ गलत बोल देती है।
नहीं समझ सकते दिल की बातें जो अनमोल होती है,
सच्चाई की डगर पर समस्याओं से मेल होती है।
हर वक्त ने सिखाया कोई परदा नहीं,
दुनियाँ की भीड़ में कोई इरादा नहीं।
नहीं मतलब किसी की साया से,
चलना है हटकर जिन्दगी की माया से।
सोच कर रुकना नहीं,
जहां में अकेले चलना सही।
मुश्किलों से है लड़ना,
आसमान में है उड़ना,
दिल की एक गणना,
तुझे अकेला है चलना।

67. जिन्दगी हर पल सिखाती है

कभी मुश्किलें एक राह बनाती है,
तो कभी राहों में मुश्किलें आती है,
समा एक राह दिखाती है,
कभी अन्धेरों में चलना बताती है,
जिन्दगी हर पल सिखाती है।
ख्वाबों को एक-एक पल दिखाती है,
लहरों पर चलकर किनारों पर आती है,
कभी बुरे वक्त में आजमाती है,
तो कभी आजमाकर सिखाती है,
जिन्दगी हर पल सिखाती है।
घटा छाई बादलों की एक राज बताती है,
पल भर के लिए मुश्किलें आती है,
कभी हवा के झोंकों से बिखर जाती,
तो कभी बिखरी हुई सम्हल जाता है,
जिन्दगी हर पल सिखाती है।

68. काँटों पर चलें

कभी ख्वाब में मिलें,
इस जहां में चलें,
मुश्किलों से भरा जहाँ,
काँटों पर चलें।
कभी सितम में मिलें,
एक विश्वास में चलें,
चट्टानों की दीवारें यहाँ,
काँटों पर चलें।
कभी कोई साथी नहीं मिलें,
जिन्दगी अकेले ही चले,
उम्मीदें की किरनें यहाँ,
काँटों पर चलें।
मंजिल के रास्ते मिलें,
मुश्किलों से लड़ें,
चट्टानों से गुजरें,
अकेले राहों पर चलें।

69. ना जाने कहाँ से आयी थी

कभी मुलाकात हो जाये,
दिल की बात हो जाये,
होंठों पर मुस्कान आयी उनसे,
ना जाने कहाँ से आयी थी।
तय किया एक सफर साथ,
नहीं हुई कोई बात,
सोचा हर पल चलूँ साथ,
ना जाने कहाँ से आयी थी।
होंठों पर मुस्कान थी,
कोयल की वाणी थी,
परियों की रानी थी,
सुन्दरता की रानी थी,
ना जाने कहाँ से आयी थी।

70. समय

तेरी भी क्या बात है,
नहीं दिन और नहीं रात है,
ना करो व्यर्थ खर्च हमें,
वापस नहीं आऊंगी इस जहाँ में,
कर लो सदुपयोग मेरा,
वन जाओगे हिरा।
व्यर्थ हमें गवाओगे,
हाथ मसल कर रह जाओगे,
अपने सपने को चूर-चूर पाओगे,
हमसे नहीं इतराया करो,
सभी काम समय पर निपटाया करो,
हर कदम पर मुस्कराया करो,
व्यर्थ नहीं गवाया करो।

71. दिल की आवाज

क्या चाहते हो तुम,
क्या है सपना तेरा,
क्या है मंजिल तेरी।
ये दिल की आवाज,
एक कठिन डगर है,
नहीं कोई हमसफर है।
आंखों में है एक सपना,
काँटों का किरदार अपना,
अरमानों को है सजाना।
जिन्दगी क्या छिपाना,
बस तुम साथ निभाना,
आगे मंजिल को है पाना।
दिल की आवाज सुनता हूँ,
सपनों को बुनता हूँ,
आगे ही चलता हूँ।

72. पागलपन

हँस कर लोग हौसलों को बढा देते हैं,
मंजिल को और करीब ला देते हैं।
हर चिराग उनको फिंका लगता है,
मैंने अभी जो अंगारों से जलाया हूँ।
किनारों पर चलने वालों को क्या पता,
बुलन्दियों को छूने का दिल में है नशा।
चलते हैं काँटों भरे रास्तों पर भी शान से,
लोग समझते है उनको पागल की मान से।
मिल जाता है उनको जो चाहते है दिलों जान से,
जानने लगते है लोग एक स्वाभिमान से।
हस्ताक्षर बदल जाता है स्वहस्तलेखन के मिज़ाज में,
प्रसिद्ध हो जाते है दुनियाँ में अपने पागलपन काम से।

73. मुश्किलों में पड़ी जिन्दगी

किधर चलूँ किधर ना चलूँ,
यह है तस्वीर तेरी,
आंखों नहीं नमीं है,
बातों में नहीं कमी है,
मुश्किलों में पड़ी जिन्दगी।
इधर चला मैं उधर चला मैं,
फिर ना जाने आंखें क्यों रो पड़ी,
हर कोई लगे बेगाना,
जिन्दगी बन जाये एक फसाना।
समुद्र में किरणें एक गोता लगाती है,
आसमान में चिड़िया गुनगुनाती है,
मुश्किलों में एक लौ जगमगाती है।
मुश्किलों में पड़ी जिन्दगी,
आज हमें आजमाती है।
लड़ कर चलें इस जहाँ में,
बन जायेगी एक बन्दगी,
मुश्किलों में पड़ी जिन्दगी।

74. तेरा ख्वाब है जो सही

रुह मेरी कॉँप जाती है,
जिन्दगी जब एक ख्वाब सजाती है,
जिन्दगी एक राह दिखाती है,
चल दो उस पथ पर जो है कहीं,
कर लो मुट्ठी में तेरा ख्वाब है जो सही।
तरक्की की सीढीयाँ चलना आसान नहीं,
चलकर गिरना और गिरकर उठना आसान नहीं,
सपनों को देखना आसान कहीं,
सपनों के लिए लड़ना एक कठिन काम सही,
कर लो मुट्ठी में तेरा ख्वाब है जो सही।
कदम लड़खड़ाये जब यह जमीं डगमगाई,
अडिग रहे यह जमीं पर एक ज्वाला जली कही,
हर सिलसिले है जिन्दगी के एक ख्वाब है सही,
बातों का क्या सभी की बातें है अनकही,
कर लो मुट्ठी में तेरा ख्वाब है जो सही।
एक कारवॉं सज़ा ले यहीं,
जिन्दगी की एक लौ है यही,
सपनों को बना लो सही,
कर लो मुट्ठी में तेरा ख्वाब है जो सही।

75. वक्त

वक्त भी क्या एक चीज है,
बदलती जिन्दगी की यह एक गीत है,
बुरे दिनों का यह एक संगीत है,
अच्छे दिनों का यह एक मीत है,
वक्त की क्या एक प्रीत है।
अच्छे- बुरों की पहचान है,
दोस्तों में एक इम्तिहान है,
इसकी साया ही एक पहचान है,
साथी वही जिसमें चलने की शान है,
वक्त से एक ईमान है,
वक्त नहीं एक समान है।
रिश्तों की एक बुनियाद है,
बदलती जहाँ में एक इनाम है,
घटाओ में चलना एक पैगाम है,
हर वक्त में सम्हलना एक किरदार है,
वक्त भी क्या एक चीज है।

76. अकेला चलना है

क्यों घबराता है इस जहाँ में,
चाँद, तारें साथी तेरे है।
भानु की किरणें एक शक्ति की एहसास है,
अन्धेरे गलियों में एक प्यास है।
ए हवा और फिजा भी तेरे साथ है,
चल निडर होकर फूलों की बरसात है।
काँटों पर पैरो को रखना,
हिम्मत से आगे चलना,
अकेले चलकर है मंजिल को पाना।
डरना नहीं कठिनाइयों से,
लड़ना जिंदगी की एक-एक कड़ियों से।
प्यार भरा गीत नहीं होगा यहाँ,
सपना तेरा अकेला चलेगा यहाँ।
भरोसा नहीं की से है यहाँ,
उम्मीद नहीं की से है यहाँ।
चल अपने पथ पर हँसी खुशी से,
अकेला ही चल इस जमीं से।
भीड़ में एक पहचान बनकर है चलना,
अकेले जिन्दगी में है अकेले चलना।
नहीं यहाँ - वहाँ तेरा कोई,
करलो सपनों को पुरा कीमत नहीं कोई।
अकेले चलने वालों के अकेले रास्ते ही सही,
तेरे सपने वही तेरे फौलाद भी है वही।

चल अकेला की ए समाँ जल जाए,
सुखी पंखुड़ियों से एक मुस्कान निकल जाए।
जमीं से यह आसमान मिल जाये,
चल अकेला कही इस जहाँ में बहक न जाये।
हुई मुलाकात छोड़ दिये सभी हाथ,
चल अकेला यह जिन्दगी है तेरे साथ।
नहीं अकेला है तुम यहाँ,
कण - कण में है ईश्वर यहाँ,
चल अकेला तेरे सपनों की दुनियाँ है यहाँ।
ना डर की तुम गिर जायेगा,
कर याद गिरकर भी उठ जायेगा,
एक दिन इस जहाँ में छायेगा।
मेहनत से तेरे जमाना के दांतों तले उँगली,
अकेले चल एक दिन बदल जायेगी जिन्दगी।
तेरे आंखों के आँसू सपनों की एक उड़ान है,
चल अकेला इस जहाँ में एक पहचान है।
अकेले चलना चलकर आगे है बढना,
तेरे पैरो में बेड़ियाँ है तेरा सोचना।
हर कदम - कदम पर लड़खड़ाए जिन्दगी,
इस जहाँ में है फिर भी तुझे चलना।

77. रब

हे रब नहीं कोई करिश्मा नहीं कोई जादू,
दुनियाँ के मेहमान है जिन्दगी को करो काबू।
करूँ मेहनत मंजिल को पाने के लिए,
एक सफर है आजमाने के लिए।
चलने का एक हिम्मत देना,
हमें खुद पर भरोसा देना।
कोई साथ दे या ना दे ,
हे रब तुम हमेशा साथ देना।
पिंजरों की दुनियाँ से बाहर निकाल देना,
हे रब मेरे ख्वाब को सज़ा देना।

78. शपथ

तेरे ख्वाब कितने बढे हैं,
अरमाँन कितने बढे हैं।
पहचान लो समुद्र कि गहराई,
चिर दो आँधियों कि परछाई।
जिन्दगी के पन्नों पर लिखो एक इतिहास,
आगे है मंजिलें कर इसका एहसास।
अपने दिल कि सुर से ताल मिला,
आगे बढ चल एक शपथ कर जा।
कर शपथ आगे बढ जाने का,
चल जिन्दगी में एक पहचान मिल जाये,
मुश्किलों से लड़ो एक मिसाल बन जाये,
कर शपथ जिन्दगी एक सवाल न बन जाये,
इस जहाँ में तेरा भी एक इतिहास बन जाये।

79. लहरें

समुद्र की लहरों से क्या डरना,
कभी गिर कर तो कभी उठ कर चलना,
एक आवाज बनकर महफिलों में रहना।
ये जिंदगी तो आजमाती है,
इसका रुख कुछ न कुछ सिखाती है,
जिंदगी में कई सन्देश बताती है,
हारना नहीं कभी चट्टानों के आगे,
ठोकर लगे या फिर कोई आये अड़चने,
आगे जाने का एक गीत सुनाती है।
मेहनत ही जिंदगी का एक प्रीत है,
कर जतन इसका यही तो एक मीत है,
ना घबरा तु इस जहाँ में,
जिन्दगी की यही एक संगीत है।

80. हिम्मत

है अगर कोई ख्वाब तो गिरने की हिम्मत रखना,
है अगर कोई ख्वाब तो लड़ने की हिम्मत रखना,
है अगर कोई ख्वाब तो करने की हिम्मत रखना,
है अगर कोई ख्वाब तो चलने की हिम्मत रखना।
है अगर कोई ख्वाब तो अकेले चलने की हिम्मत रखना,
है अगर कोई ख्वाब तो चट्टानों से टकराने की हिम्मत रखना,
है अगर कोई ख्वाब तो समुद्र पार करने की हिम्मत रखना,
है अगर कोई ख्वाब तो पुरा करने की हिम्मत रखना।
पल-पल रखो हिम्मत इतना की चट्टानों की दीवारें टूट जाये,
पल-पल रखो हिम्मत इतना की समुद्र के साहिल पार कर जाये,
पल-पल रखो हिम्मत इतना की हिम्मत न खो जाये,
पल-पल रखो हिम्मत इतना की यह तेरी पहचान बन जाये।
लड़ो इतना कि हिम्मत ही तेरा दस्तूर बन जाये,
चलो इतना कि हिम्मत ही तेरा एक फितूर बन जाये,
चाहो इतना की हिम्मत ही चाहने की एक वजह बन जाये,
अन्धेरों में चलो इतना की हिम्मत ही तेरी रोशनी बन जाये।

81. फालतू

नजरों में दिखते लोग,
सोच जैसी होते है वैसे लोग।
जहां जाना है तू चल वहाँ,
फालतू बातें छोड़ दो यहाँ।
कर फतह अपने सपनों का,
चल दो अपने मंजिल के लिए।
अपने सपनों के रास्ते को आजमाओ,
छोड़ दो उस बातों को जो काम कि नहीं।
फालतू बातों का क्या यह तो होती है बेगानी,
ना तेरी दीवानी ना मेरी यह तो है बस एक कहानी।
छोड़ दो उन बातों को जो नहीं है तेरी जिन्दगी की निशानी,
छोड़ दो एक निशान इस जहाँ में जो कह जाये तेरी कहानी।
जिन्दगी में फालतू बातों की कोई कहानी नहीं,
अब नम आँखों में कोई पानी नहीं।
चल दिया अपने इरादों पर जहाँ कोई हमारा नहीं,
ना फालतू बातें नहीं फालतू लोग बस जिन्दगी का सहारा सही।

82. रास्ते

सफलता के रास्ते आसान नहीं,
मंजिल तेरी किसी की पहचान नहीं,
इरादे बड़े अभी कोई इतिहास नहीं।
चलती फिरती जिंदगी में किसी से कोई मुलाकात नहीं,
दिल में हौसलों और आँखों में सपनों की बरसात कहीं,
जिंदगी की एक उड़ान सजी अब कोई साज नहीं।
तेरे पथ यही कही बस ढूँढ लो सही,
चल मुलाकात कर सुन्दर घटाओ से यहीं,
पंछी के पंख बनकर उड़ चल दूर कहीं।
दूर है रास्ते काँटों के बिस्तर की साज पड़ी,
उड़ चल तेरी उड़ानों में कोई कमी नहीं,
जमीं तेरी मंजिल को सजाई यही।
करो एक फैसला रास्ते की एक तूफान हमीं,
पैरो में काँटों की चुभन और आँखों नमीं,
अब मंजिल की शिरकत कदमों में सही।
ढूँढा घटाओं को हवाओं से लिपट गयी,
बनकर आँधी तूफानों को समेट गयी,
अन्धेरे रास्ते में एक रोशनी बन गयी।

83. मंजिल का कारवाँ

हमसफर भी छूट जाते हैं,
किनारा जब किनारों से रुठ जाते हैं।
नहीं कोई दोस्ती नहीं कोई दोस्त काम आते हैं,
जब मंजिलें ख्वाब अलग होते हैं।
जब रास्ते नहीं तब ये जमाना मुसकुराते हैं,
कुछ नफरत की ज्वाला में तो कुछ ऐसे ही जलते हैं।
दिल से नहीं कोई तेरा बस लोग आजमाते है,
मुश्किलों से भरे चेहरे भी मुसकुराते हैं।
जब मंजिल का कारवाँ अलग नजर आते हैं,
प्यार भरी बातों में भी नफरत नजर आते हैं।
भीड़-भाड़ में लोग एक जैसा नजर आते हैं,
कोई हौसला नहीं बातों में बस मजाक नजर आते हैं।
हमसफर और ये जहाँ भी छूट जाते हैं,
जब मंजिल का रास्ते हम खुद बनाते हैं।
रास्ते और ए मंजिल एक ख्वाब बनाते हैं,
दूरियाँ है फिर भी मंजिल के कारवाँ बुलाते हैं।

84. एक परिंदा

एक परिंदा बनकर है आज उड़ना,
मंजिलों की दूरी को है अब तय करना।
धरती गगन पर है अब दौड़ना,
दौड़कर गिरना और गिरकर है अब उठना।
हवाओं और तूफानों से है अब आगे चलना,
विश्वास है पंखों पर बस अब है उड़ना।
आज नहीं तो कल उड़ेंगे इस जहाँ में एक परिंदा बनकर,
हँसना तेरा जायज परिंदों से सिखा जमाने के मुसकुराने पर।
गिरकर उड़ना एक ही पहचान है,
हिम्मत ही सपनों की एक जान है।
आज नहीं कोई है पहचान मेरी,
कल दुनियाँ में एक खिताब होगी मेरी।
साँसों में एक प्यास है तेरी,
निगाहों में एक मिसाल है तेरी।

85. समाज

हसरतों में खिला गुल फिजाओं में बहक जाता है,
मंजिलों में खिला गुल आशाओं में रह जाता है,
दिल का दर्द आँखों में बह जाता है।
हर शाम की फिजा निराली हो जाती है,
कभी दिन का तो कभी रात की एक हरियाली बन जाती है,
दिल आँखों से बयाँ करें होंठों की लकीरें बोलती है।
मंजिल आसमान से फरमाया एक लिखी किताब कहती है,
चाहत है चलने की जब यह समाज लिखती है,
जिंदगी हौसलों से चले जब दुनियाँ कुछ कहती है।
कठिन डगर पर चलते ही मंजिल की एक आस होती है,
कभी प्यास तो कभी समा की ज्वाला में एक पहचान होती है,
चल अपने रास्ते पर जहाँ किसी की आवाज नहीं होती है।
हमसफर नहीं कोई तेरा जब मंजिलें एक सफर में चलती है,
एक दिन दहकती चिनगारी की गोला बनकर उड़ती है,
कभी एक शाम तो कभी एक पहचान बनकर चलती है।

86. नभ

सुन्दर नभ का एक ख्वाब है सुनहरा,
वसुन्धरा के कोमल तट पर है बसेरा।
आसमान में उड़ना जिन्दगी का एक सुहाना सबेरा,
उलटी धारा को है चीरकर चलना।
निन्दा की दुनियाँ में नफरतों से है दूर रहना,
चारों तरफ बिछी एक चिताएँ सभी को है जाना।
नभ से फरियाद धरती से आवाज है करना,
सपनों का दीप है अब जलाना।
नीले रंग की पोशाक है सुहानी,
जिन्दगी है तेरे रंगों की दिवानी,
तेरे संग यह सफर बन जायेगी सुहानी,
डगर-डगर पर हम लिखेंगे एक कहानी।
दिल में रवानी आँखों में है पानी,
है तेरी बादलों सी एक जवानी।

87. मंजिल का दीवाना

मुश्किलों से बड़ा तेरा साहस है,
संघर्ष ही तेरा जीवन है,
आसमानों में उड़ना एक फितरत है,
हवाओं में उड़ना एक करतब है।
तेरी मंजिल की आशाएँ है,
तेरा विचार ही तेरे रास्ते है,
तेरे ख्वाबों से तेरी मंजिल है,
हवाओं में तेरे रास्ते है।
धरती पर तेरा आशियाना है,
दिल में सपनों का दीप जलाना है,
हर लय में आगे बढ़ जाना है,
जिंदगी हर पल जीने का बस एक बहाना है।
काँटों भरी दुनियाँ से आगे जाना है,
रास्ते वही जिसपर चलना है।
आज नहीं तो कल मंजिल को पाना है,
तू मंजिल का दीवाना और मंजिल तेरी दीवानी है।
जिंदगी के रंग
जिंदगी भी क्या रंग लायी है,
हौसलों से भरे दिल में समाई है,
आंखों में मौसम बनकर आयी है,
साहस से एक ख्वाब सजायी है।
जिंदगी पैसों से खाली-खाली नजर आयी है,
यह जिंदगी की कैसी कहानी नजर आयी है,

यह पानी के बूँदों में भीगती नजर आयी है,
कुछ पल का एहसास बनकर लौट आयी है।
मेंहनत से ख्वाबों को सजायी है,
जिंदगी में कुछ बनने की कसम खायी है,
कभी भूख तो कभी प्यास को मिटायी है,
जिंदगी भी क्या रंग लायी है।
पल-पल रोये यह कैसी सज़ा पायी है,
आँखों में पानी सपनों में एक व्यथा गायी है,
जिन्दगी ख्वाबों के रंग को सजायी है,
जिंदगी भी क्या रंग लायी है।

88. दिल का दर्द

खाली झोली में एक स्नेह है,
दिल में एक दर्द सा प्रेम है।
होंठों पर कोई मुस्कान नहीं,
नैनों में कोई बात नहीं।
बयाँ कैसे करु इस दर्द को किसी से,
जिन्दगी जीते है अपनी खुशी से।
पल-पल में नहीं रोये हम,
जब खाली पेट सोये हम।
एक दिन हसीन पल तेरा भी आयेगा,
जब तेरे जिन्दगी के वसूल जग जायेगा।
दिल का दर्द किसी से कैसे बयाँ करूँ,
आग के ओलों और काँटों पर चलू।
हर वक्त में छिपा एक दर्द है,
दर्द से भरा हर एक वक्त है।
दिल का दर्द कैसे सुनाऊँ,
दिल में इसे कैसे छिपाऊँ।

89. कब्र

जब नहीं हो कोई खाने का निवाला,
फिर भी जिंदगी की जली एक ज्वाला,
सपनों की जिंदगी बन गयी एक प्याला,
रास्तों का बन गया एक दिवाला।
चाहत है अब उस जहाँ को पाना,
जहाँ नहीं छुपा है कोई खजाना,
आँखों में सपनों को और सजाना,
जिन्दगी का यहाँ है आना जाना।
है खफा हमसे यह सारा जमाना,
नहीं हूँ मैं किसी का दीवाना,
मेरा सपना बन गया मेरा खजाना,
मस्तानी जिंदगी का बन गया दीवाना।
सपनों का बन गया मैं दीवाना,
जिन्दगी का बन गया एक अफसाना,
रास्तों पर चल दिया जहाँ नहीं चला कोई जमाना,
कब्र में बन गयी जिन्दगी का एक फसाना।

90. शरीर

जिंदगी खाली-खाली चलती है,
आँखों में नहीं झलकती है,
लबों पर कोई हंसी नहीं पड़ती है,
चमकती आँखों में एक साज बनती है।
लबों पर हंसी का एक ताज हो,
चलती-फिरती आशाओं में एक साज हो,
नफरत से चलती है दुनियाँ,
जिसका एक इतिहास हो।
मत कर गुरूर अपने माटी के पिंजरे पर,
मिल जायेगा मिट्‌टी में पिघलकर,
कही सजकर तो कही सँवरकर,
यह एक खिलौना नहीं बनता बिखरकर।
सजी सँवरी यह जहाँ में चलती है,
नफरत में पली बड़ी तो नफरत में जलती है,
भस्म बनकर पानी में चलती है,
एक ख्वाब नहीं जो आँखों में जलती है।

91. मंजिल

आँखों में सपनों को साकार कर,
मंजिल है तो प्यार कर।
मंजिल को है तय करना,
साहिलों पर नहीं है बैठना।
सात समुंदर पार है रास्ता,
है तेरा हर पल से वास्ता।
दिल में है तेरे सपनों की एक उड़ान,
बस कर ले तुम अपने दिल की पहचान।
कदमों से एक कदम मिलाकर चलना,
मुश्किलों से बिछड़ना एक कारवाँ में मिलना।
साँसें तय करती है तेरी जिंदगी के पल,
कभी हँसकर तो कभी रोकर चल।
दम घूँटता है तुमसे बिछड़ने पर,
मंजिल मिलती है कई कदम चलने पर।
मुश्किलों की घड़ियाँ
दुख की घड़ियाँ छट जायेंगी,
काले बादल हट जायेंगे,
आँखों पर कोई पट्टी नहीं,
रख हिम्मत दुःख से लड़ने का,
एक दिन तेरे दिन भी बदल जायेंगे,
जिन्दगी एक खुशी की प्याला बन जायेगी।
मुश्किलों से क्या घबराना,
यह तो पल भर की एक घटा है,

चलते-चलते जिंदगी बदल जायेगी,
यह दुःख की घड़ियाँ एक दिन छट जायेंगी।
हसरते इस जहाँ में एक दिन छा जायेगी,
मुश्किलों की घड़ियाँ एक दिन निकल जायेगी,
साँसों में लकीरों की एक हमसफर नजर आयेगी,
हर पन्नों पर तेरी एक तस्वीर नजर आयेगी।

92. भारत देश

कड़ी निन्दा करु या फिर क्या करु,
रास्तों पर चलती नारीयों को भद्दी- भद्दी गालियाँ चलती है,
दुकानों और गलियों में गन्दी नजरों की चिन्गारीयाँ जलती है,
यह भारत देश है या कहने का देश भारत है।
हैवानियत उनकी नजरों में जिनकी गन्दी नजरों से सत्ता न्यारी है,
भारत की गौरव नारी है या फिर यह कहने की बात सारी है,
सरकार चलाओ अपनी अब खुद की एक जिम्मेदारी है,
यह भारत देश है या कहने का देश भारत है।
निकाल फेको उन दरिंदों को जो हवश के पुजारी हैं,
नेता में तो बस कुर्सी की मारा मारी है,
जाति, धरम और आरक्षण की लड़ाई भारी है,
यह भारत देश है या कहने का देश भारत है।
मंदिर, मस्जिद, चर्च, बाहर और घर में भी सुरक्षित नहीं नारी है,
भारत पुरुष प्रधान देश या फिर नारी शोषण देश होने की बारी है,
माँ, बहन, बेटी, पत्नि और सभी रिस्तों पर सियासत भारी है,
यह भारत देश है या कहने का देश भारत है।

बलात्कार को बढावा देना यही भारत के सरकार की तैयारी है,
अपराध को बचाने की हर साजिश में उतरे इनका आन्दोलन जारी है,
पढे-लिखे युवा तो युवा बूढों बुजूरगों का भी अत्याचार भारी है,
यह भारत देश है या कहने का देश भारत है।

93. जिन्दगी

नहीं यकीन है किस्मत पर ,
नहीं किसी अमन पर।दिवारें हैं चट्टानों की,
टकराना है ख्वाबों के लिए,
जिन्दगी है आजमाने की।
घड़ियाँ है एक दिल की एक दास्ताँ,
चल मुसाफिर मिल जाये ए जहाँ।
मंजिले मुखबिर नहीं है तुमसे,
सूलों सा वसुल है तुमसे।
चलने से चलती है यह जिन्दगी,
आँखों में बसती है यह जिन्दगी,
सफर में रहती है यह जिन्दगी।
कभी एक ख्वाब बनकर चली है जिंदगी,
आँखों में एक प्यास बनकर चली है जिंदगी,
लड़खड़ाते कदमों में एक आश बनकर चली है जिंदगी,
रुकेगा नही कदम एक जज्बात लेकर चली है जिंदगी।
हस कर चलना है जिंदगी,
गम में भी मुस्कूराना है जिंदगी,
चलती राहों में गिरना है जिंदगी,
गिरकर उठना है जिंदगी।
हौसलों की बुलंदियों की एक पहचान लेकर चली है जिंदगी,
महफिलों की एक पैगाम लेकर चली है जिंदगी,
काटों से प्यार लेकर चली है जिंदगी,
जिंदगी जीना ही है एक जिंदगी।

सपनों को पुरा कपना है जिंदगी,
मिठी वाणी कहना है जिंदगी,
अच्छे बातों का स्मरण करना है जिंदगी,
झूम कर जीना है जिंदगी।

94. ईरादें

कभी जिंदगी से आगे चलकर देखों,
ख्वाईसों को सच्चाई में बदलकर देखो,
दुनियाँ तुम्हारे पिछे होगी बस रास्ते बदलकर देखो,
ये जहाँ तेरा दिदार चाहेगा।
मंजिल भी तुमको बेसुमार चाहेगी,
ईरादों पर चलकर देखो,
ये जिंदगी महफिलों में सदाबहार लायेगी,
आगे-पिछे लोगों की भीड़ होगी।
जब जिंदगी अपना रास्ता खुद बनायेगी,
ये सारी दुनियाँ पिछे नजर आयेगी,
ईरादों पर चलकर देखो,
सभी कलियाँ फिर से खिल जायेंगी।
रुके तो ये जमीं थम सी जायेगी,
चले तो ये जमीं भी चल जायेगी,
हौसलों से भरे इरादों में एक उमंग जग जायेगी,
सफर जिंदगी का आँखों से आशूँ बनकर छलक जायेगी।
चल इस तरह रास्तों में मुस्किलें भी हट जायेंगी,
दिल के ख्वाब है जो साँसों में बहक जायेंगी,
आँखों में बस इन्तजार है एक मंजिल का,
कुछ पल ठहर जा अब मिल जायोंगी।

अध्याय95

नफरत

कभी नफरतों की दुनियाँ से निकल कर चलो,
ख्वाब है तो मंजिल के रास्तों पर चलो,
नफरत है लोगों के अन्दर तो प्यार से जीतो,
दुनियाँ है रंग बिरंगी जरा रंग पहचान कर चलो।
नही किसी का कोई अभीमान बस सबका सम्मान करो,
करम करो और जिंदगी से बस प्यार करो,
इस जहाँ नफरतों से आगे चलो,
तरक्की की राहों पर चलो।

96. कहानी

बनकर पंछि उड़ जा ए त्रतु सुहानी है,
सपनों के वारिश में भीगी जिंदगानी है,
आँखों में आँशूँ यह तो आती जाती एक कहानी है,
प्रेम से बरसे मेघा में पानी है।
प्यार से धरती सिंचे यही एक कहानी है,
उड़ जा ख्याबों में फिर जिंदगी नही मिलने वाली है,
सफर हो काँटों का या फिर हो फूलों का,
यह जिंदगी तो एक जानी है।
जी ले खुशी के हर पल यही एक जिंदगानी है,
मंजिल को कदमों में बसा लू,
यही आसमाँ की एक निशानी है,
चलु तेरे साथ जिंदगी भर बस यही एक कहानी है।

97. समय की दिशा

समय की चलती घड़ी रुकती नही है,
सदुपयोग करो या ना करो कुछ कहती नही है।
चलती है अपने दिशाओं में,
रुककर देख जरा पिछे यह एक शिक्षा देती है।
करलो हमें सदुपयोग बन जाओगे किसी योग्य,
कदमों में सफलता को लाऊंगी,
सही दिशा में लेकर जाऊंगी,
जिंदगी खुशियों की आँचल से भर जायेगी।

98. ललक

हसरतें नहीं छुपती है छुपाने से,
ए समाँ जलती है परवाने से,
आगे है जाना इस जमाने से,
चल इस तरह नहीं खबर हो जमाने को।
आँखों में एक ललक कुछ पाने की,
लोगों की बातों में क्या रखा है,
लोग हैं एक जमाने में एक बेगाने से,
निकल चल तुम आगे एक बड़े पैमाने से।

99. आत्मा

एक क्षण जो दिखा नहीं,
पल भर के लिए रुका नहीं।
आसमाँ से चला जमीन पर गिरा नहीं,
साँसों में छिपा है कहीं।
मुख में हवा है नहीं,
इरादों से चला बातों से बड़ा नहीं।
ये जन्नत है दिल की जो दिल में रुका नहीं,
पल भर में निकल जाये ए हवा जो कभी दिखा नहीं।

100. मोंहब्बत

अब लौट चले यहाँ से,
हमें तो जिंदगी की मोहब्बत ने मारा,
एक घटा में छायी जिंदगी,
हमें तो जिंदगी की मोहब्बत ने मारा।
साँसों में भरा एक नग्मा है,
अब तो हमें क्या सदमा है,
हवाओं ने फिजाओं से किया याराना,
हमें तो जिंदगी की मोहब्बत ने मारा।
तेरे डगर में जो मिले जो किनारा,
आशियाना है यहा सपना सा प्यारा,
फुरसत से तेरा है यहँ बसेरा,
हमें तो जिंदगी की मोहब्बत ने मारा।

101. कूंजी

जब मैनें समन्दर चाहा तो खुदा ने जिंदगी बदल दी,
जब जिंदगी चाहा तो रास्ते बदल दी।
जब रास्ता चाहा तो लीक ही मिटा दी,
जिंदगी इम्तेहान लेगी तो खुदा ने रास्ता बनाने की दूआ दे दी।
सफलता की कूंजी हाथों में बस खोलने की एक सलाह दे दी,
मंजिल को पाना खुद को है बस जिंदगी ने एक पनाह दे दी।
साहस में है इतना दम की मंजिल भी उड़ने की हवा दे दी,
पुरी जिंदगी को सफलता की एक पहचान दे दी।

102. चलना सीखा

घूँटनों पर चलकर तो चलना सीखा,
चलकर जमीं से आसमाँ उड़ना सीखा।
जिंदगी तुम मेरे पैरों में काँटों को क्या बाँधेगी,
काँटों से मैनें जीना सीखा।
पहाड़ों पर चलना जमीं पर उतरना सीखा,
रास्ते दूर नहीं कठिन डगर पर चलना सीखा।

103. प्यार

प्यार ही प्यार को लूटा
ये दिल आँशिकी में डूबा।
प्यार ही प्यार को लूटा,
सब वादें है उसका झुठा।
क्या सितम है उसका जो रुठा,
यारियाँ नही दिल के सितम में डूबा।
हर सपना था उसका झुठा,
प्यार ही प्यार को लूटा।
जिंदगी रुठी हर कोई रुठा अपना,
प्यार का एहसास नही।
काँच के टुकड़ों सा बिखर कर है जिना,
प्यार ही प्यार को लूटा।

104. तेरे पास

काबिलियत तेरे पास है,
तकदिर पर ना कर भरोसा,
जिंदगी का हर कदम पास है।
हौसलों में उड़ान तेरे पास है,
रख करम में आस्था,
मंजिल की जान तेरे पास है।
खुशी गम के आँसू तेरे पास है,
मुस्किलों से लड़ने का ईरादा पास है,
दरिया पास करने का जज्बा भी पास है।
महफिलों से सजा एक ख्वाब तेरे पास है,
चल जिन्दगी काबिलियत तेरे पास है,
नहीं कोई लीक है और नहीं आस है।

105. फि.जा

चल फि.जा उड़ चल यहाँ से,
तेरी कोई दरमियाँ नहीं यहाँ से,
बिगड़ी बात से कोई कमियाँ नहीं यहाँ से,
दिवानगी में जल रहा कोई समाँ यहाँ से।
तेरा ख्वाब सजा है यहाँ से,
है आमदनी भी यहाँ से,
मिट्टी की काया पाया यहाँ से,
फि.जा बता दे क्या पाया यहाँ से।
हवाओं से उड़कर कितना करीब पाया यहाँ से,
जिन्दगी मुसाफिर बनकर चली यहाँ से,
परिन्दों का एक साया पाया यहाँ से,
चल फि.जा उड़ चल यहाँ से।

106. दस्तूर

ख्वाब कैसा जिसमें कोई जुनून नही,
दूरी कैसी जिसमें कोई दस्तूर नही।
पहाड़ों से गिरकर चट्टानों से लड़ना,
जिन्दगी के हर अरमानों से सिखना।
जिन्दगी का दस्तूर बड़ा अच्छा होता है,
कभी पैसा तो पाकेट खाली होता है।
हाथ बढायें कहाँ अब तो किमत पैसा का होता है,
जिन्दगी के हर अरमानों का भी ढेर होता है।
दिल की घटाओं में एक डर सा बन जाता है,
ख्वाब हकिकत कब होगा यह जमाना मुस्कराता है।
है भरोसा खुद पर यह जमाना एक दिन बतलायेगा,
जब जिन्दगी का दस्तूर बदल जायेगा।

107. अजनबी दुनियाँ

घर संसार छोड़ चला,
चेहरा पर मासुमियत,
आँखों में है नमी,
ये अजनबी दुनियाँ।
कैसे चलेगी जिंदगी,
आज सबकी है कमी,
कलियाँ नहीं खिलीं,
ये रंग नहीं बदले,
ये अजनबी दुनियाँ।
सुरज की किरणें सुहानी,
एक सवेरा और उमंग लायी,
जिंदगी का एक ख्वाब सजायी,
ये अजनबी दुनियाँ।

108. तन्हायी

तन्हायी भरी बातों से नही डर,
अपने ख्वाबों को पुरा कर,
पलकों में है बसे तेरे सपने,
जिंदगी में कोई हो या ना हो अपने,
तन्हायी भरी रातों से नही डर।
दिल की धड़कनों से नहीं डर,
धड़कनें सपनों की जान है,
दिल की आवाज तेरी पहचान है,
खुद से वादा कर,अपने रास्तों पर चल,
तन्हायी भरी रातों से नही डर।

109. मुनासीब

जिंदगी को मुनासीब नहीं होने देंगे,
बढते कदम को कभी रुकने नही देंगे,
जिंदगी अपने सौक से जिओ,
वरना लोग तुझे चलने नहीं देंगे।
पैरों में जंजिर और हाथों में हथकड़ी बाधेंगे,
टहलते राहों में काटों का ढेर लगायेंगे,
डरना नहीं इस जालिम दुनियाँ से,
तेरे हौसलों के पंख रास्ते बनायेंगे।
इरादे चट्टानों को भेद देंगे,
चलती हवाओ का मुँख मोड़ देंगे,
हर मुस्किलों को झेल लेंगे,
जिंदगी मुनासीब क्या,
हर कदम एक नया मोड़ देंगे।
जिंदगी को कभी रुसवा होने नहीं देंगे,
तेरे ख्वाब को अधुरे नही रहने देंगे,
पाने की सारी कोशिशे करेंगे,
आज नही तो कल मिल जायेंगे।

110. मुस्किलें

रुह काँप जाती है तेरी दुआवों में,
कर कोशिश आगे चल इस हवाओं से,
नहीं है डरना मुस्किल भरी घटाओं से,
नहीं डरना है किसी चुनौतियों से।
मुस्किलें जिंदगी जिने का एक तरीका बताती है,
मंजिल को पाने का रास्ता दिखाती है,
गम भरी जिंदगी को हस कर जिना सिखाती है,
कट जाती हैं मुस्किलें थोड़ी आजमाती है।

111. जिंदगानी

क्या खूब जिंदगानी है,
कभी हसाये कभी रुलाये,
यह कैसी कहानी है,
जिंदगी का नाम एक जिंदगानी है।
ख्वाब में एक दरिया,
दरिया में एक कहानी है,
कभी आशूँ तो कभी एक पानी है,
क्या खूब जिंदगानी है।
सीमट लू आसमाँ मुट्ठी में,
जिंदगी एक सुहानी है,
साँसे जिंदगी की एक दिवानी है,
क्या खूब जिंदगानी है।

112. मुसाफिर

चल मुसाफिर आज हस कर चलना है,
राहों में ठोकर लगे फिर भी चलना है,
गम है दिल में तो क्या हुआ,
होंठों पर बस एक मुस्कान रखना है।
कठिन राहों में कोई साथ हो या ना हो,
तुमको तो अपने दम पर लड़ना है,
आज तुझे फैसला करना है,
हमसफर हो या ना हो बस आगे तुझे बढ़ना है।
किनारे अलग है फिर भी सपनों से नहीं बिछड़ना है,
लड़खड़ाये कदम फिर भी कदम नहीं हटाना है,
आज जमाने से तुमको लड़ना है,
चल मुसाफिर आज तुझे चलना है ।

113. समाँ

चला था मैं खुद का एक आशियाना बनाने,
हवाओं के झोकों ने हैं अपना ठिकाना बना लिया।
एक समाँ ने हमें आग का गोला बना दिया,
जिस पग पथ चलू दुनियाँ को दिवाना बना दिया।
काँटों पर चलकर पैरों को सितारा बना दिया,
खुद को जिंदगी का एक सहारा बना दिया।

114. दोस्ती

घड़ी जब याद आती है,
हमें बहुत सताती है,
आँखें नम हो जाती है,
साँसें थम सी जाती है।
जिंदगी के ख्वाब देखा था साथ-साथ,
पल भर में सिमट गया सब एहसास।
हर घड़ी अब रुलाती है,
तेरी याद बहुत आती है।
छिपा है कहाँ जो दोस्ती नजर नहीं आती है,
मेरे दिल की धड़कने तुझे बुलाती हैं।
समेट लिया यादों को हर पल के लिए,
जिंदगी जी लू तेरे नाम के लिए।
तेरे हर ख्वाब को अपना बना लिया,
रास्तों पर तुमने चलना बता दिया।
इस जहाँ में नाम रौशन करुंगा तेरा,
दिखा दुंगा इस जमानें को तुम दोस्त हो मेरा।

115. चुनौतियाँ

लफजों में क्या बयाँ करु खुद ही समझ लो जिंदगी के आँसियानें,
चलना मेरा फितरत है जिंदगी में नहीं है कोई बहानें।
मंज़िल है काफी दुर शूलो पर चल दिये है उसे पाना,
धीमीं रफ़्तार पड़ गई है फिर भी चलकर है आगे जाना।
खुदा भी अफशोश करेगा किसकी तालीम में लगाए थे अफसानें,
हस कर आगे बढ़ता गया कुछ नही टिक सका उसके सामने।
लचार होकर खुद पिघल जायेगा एक दिन,
मेरी कोशिशों से डर जायेगा एक दिन।
हर मुस्किल चली जायेगी मेरे आँसियाने से,
अब कोई भी रोक नहीं सकेगा हमें आगे बढ़ जाने से।
ये ज़माना एक दिन जान जायेगा जो एक मिशाल बन जायेगा,
गली, मोहल्लों और शहरों में एक नाम हो जायेगा।
हमारी जिंदगी सपनों की एक ताज लेकर आयी है,
सपनों की जिंदगी बस यही जिंदगी से एक फरमान लायी है।
दुख की घड़ियों में अपनों की एक पहचान लायी है,
मेरे हौसलों की बस एक आँधी-तुफान आयी है।
दे दीया सिरकत हमें और आगे बढ़ जाने की,
सपनों में एक और उड़ान आयी है।
तुफानों से हम डगमगाने वाले नहीं,

तुफानों से एक और नई रोशनी पायी है।
लाख कोशिश कर ले घटा तू खुद मूड़ जायेगी,
मेरे सपनें तो जरुर पुरा होंगें
तुम खुद एक दिन ये फतवा लहरायेगी।

116. पहलू

जिन्दगी के पहलू हमसे चलते है,
हम जिन्दगी के भरोसे नहीं चलते ह।

इसको हम बना या बिगाड़ सकते है,
जिसकी तालिब हम अपने मुट्ठी में रखते है।
कहने को तो लोग बहुत कुछ कहते है,
जब आप एक नयी शुरुआत करते है।

खुद की सुनते या बातों में उलझते है,
यह आप पर निर्भर है की क्या करते है।

117. कभी एक मुलाकात उनसे हो जाए

एक मुलाकात उनसे हो जाए
दिल में एक दर्द सी भरी आवाज है,
पल भर गले लगा लू,
कभी एक बात उनसे हो जाये।
तरसती है आँखें उनकी दीदार के लिए
कही एक मुलाकात उनसे हो जाए,
एक एहसास है उनका,
मेरी साँसों में उनकी साँसे मिल जाए।
ना जाने खुदा ने क्या हुस्न बनाया है,
कभी आंखें ढल जाए तो तेरा दीदार होता है,
तेरी सुरीली सुरो का एक ताल बजता है,
मेरे हर रोम रोम में एक उमंग सा भर जाता है।
कैसे खुदा का शुक्र गुजार करु की तुम्हें मिलाया,
कभी देखा नहीं कभी सोचा नहीं था,
तुमसे मिलकर यह दिल भी डगमगाया था।
तुमको देखता रहा इस नमी आँखों से,
तेरी चेहरे को आँखों में छुपाया हूँ,
कब मिलूंगा अब तुमसे,
बस तुम्हें अब दिल में बसाया हूँ।

118. जन्मदाता

खुदा की कसम जो तूने हमें दिया जनम,
लफ्जों में ना बयां करु यह जो है रहम,
पल भर का दर्द बन गया तेरा सितम।
पला बड़ा तेरे चाहत के निचे,
जिंदगी में ना देखा अपने पीछे,
तेरे आशाओं को लेकर ये पग बढे।
हर पग पर तूने एक रास्ता बनाया,
गलतियों पर फटकार लगाया,
ख्वाईशो को पूरा कर एक प्यार जताया।
जब कभी लड़खड़ाया तो संभालना सिखाया,
वक्त ने सब बदल डाला जब हमसे उम्मीद लगाया,
संघर्ष की जिंदगी में एक कदम भी साथ नहीं दिया।
चाहता हु दूर आशमानो पर जाना,
ना जाने मेरे पंख को क्यू जलाया,
रास्ता बना कर फिर काँटा क्यू बिछाया।
तूने छोड़कर ना जाने क्यू एक अलग दुनिया बनायीं,
इस रंग बिरंगी ज़िन्दगी में एक अँधेरी रात आयी।
गिरते गिरते संभला अभी तो सूरज की एक किरण नजर आयी,
तेरे जाने के बाद ये ज़िन्दगी हर कदम पर सिखाई,
सच्ची दुनिया नजर आयी जब तूने जिम्मेदारी नहीं निभाई,
क्या सुनाऊ तेरी दास्ताँ ये ज़िन्दगी तो मंजिल के लिए है आयी।

रखा हौसला अपने कंधो पर उड़ जाने के लिए,
आज फिर ज़िन्दगी एक नयी मोड़ लायी है,
लेकर चलूँगा ज़िन्दगी को एक मोड़ पर,
जहाँ मेरी मंजिल की कारवां बसी है।
दूर आशियानों से देखना तरक्की की सीढिया,
जो तेरे बगैर मैंने चल कर है पायी,
गर्व से सर ऊँचा रखना,
तेरा नाम दुनिया के लबों पर है समायी,
मेरे जन्मदाता हो ये दुनिया समझ पायी।

119. फ़िजा की शाम

एक फ़िजा जो शाम बन गयी,
बातो बातो में एक जाम बन गयी,
एक घटा दीवानी कुछ कह गयी।
मिले फुरसत तो याद कर लेना
टूटे खिलौनों को एक आवाज देना।
सिफारिश किसी से नहीं करूंगा,
इस जहाँ में हर एक सितम सहूंगा।
तेरी अदा ने हमें घायल किया,
घायल दिल फिर से घायल हो गया।
कैसे कहुँ यह बात किसी से,
तू गया बदनसीबी से।
एक फ़िजा शाम बन गयी,
कभी परी तो कभी अवाम बन गयी,
खूबसूरत ओशों की पहचान बन गयी,
मेरे दिल की हमसफ़र यार बन गयी।

120. दिल की बात

कभी नहीं मिला जो इस जहाँ में,
आज वह एक पल दिल में उतर आया,
आंखें देखीं एक झलक उनकी,
आज वही दिल में बस गया।
दिल की धड़कनें थमी नहीं,
रास्तो के किनारें बदल गया,
कभी शाम की घटा लगी,
कभी हवा का रुख बदल गया।
हमें फुर्सत मिली एक पल के लिए,
उनका इरादा बदल गया,
चाहा था कमल होठो चूमना,
उनका अफ़शाना बदल गया।
कभी नहीं मिला इस जहाँ में,
आज जो दिल में एक पल उतर आया,
चाहत की सिफारिश में चाहत ना रही,
आज वही चाहत दिल में जल गया।

121. इम्तहान

वक़्त तो सबका बिगड़ता है,
कोई निखर जाता है तो कोई बिखर जाता है।
संभल कर चलना यारों यह ज़िन्दगी है,
कभी हसाती है तो कभी रुलाती है।
ज़िन्दगी का सफर एक इम्तहान है,
कभी आखिरी सांस तो कभी जीने का जहान है।
चलो हँस कर यही जीने का एक समाधान है,
ज़िन्दगी आखिरी सफर है यही एक कमान है।
कुछ पल का साथ है हम सबका,
मिटटी में मिल जाने का एक पैगाम है।
रीत प्रीत सब आखिरी सलाम है,
जिलों जिंदगी जीने को सारा जहां है।

122. बारिश

बारिश का मौसम आया है,
नदी, नालों, पेड़-पौधों का जीवन आया है।
मानव का कल्याण करती है बारिश,
भीग जाओ इसमें ना जाने फिर कब आएगी बारिश।
गंदगी को साफ़ कर देती है बारिश,
सूखे नदी नालों को आबाद कर देती है बारिश।
कभी तूफानों का रूप लेकर तबाह करती है बारिश,
फिर भी कितनी जरूरी है यह बारिश।
कभी उड़कर देखो आसमां में,
पल भर में एक एहसास कराती है बारिश।

123. बुलंद इरादे

फुर्सत की दुआ में महफिलें सजी है,
कभी कातिल तो कभी प्यार की जन्नत सजी है।
हर सक्स्ख की निगाहों प्यार का सावन चढ़ा है,
नजदीकियों में एक हँसीं पल बढ़ा है।
हर लफ्ज में तेरी याद छुपी है,
कभी पास तो कभी दूर बसी है।
चाहता हु हर पल नजरों में रखु,
तेरे होठो के रस को पीकर देखु।
दूर जाऊ फिर भी यह बंधन को करीब लाये,
जुदा तुमसे हो नहीं पाउँगा चाहे जमाना कोई सितम लाये।
मुश्किलों के बादल छाए है आसमान पर,
काली घटाएं घिरी है आसमान पर।
बादलो को चलते है एक गतिमान बनकर,
मुस्किलो के दिन काट जाएंगे एक मेहमान बनकर।
चलते है कठिन रास्तों पर एक मेहमान बनकर,
कभी सूरज भी चमकेगा एक सितार बनकर।
कभी ज़िदगी भी बरसेगी ज्वाला की एक फुहार बनकर,
जलती चिता भी कह देगी एक हिसाब बनकर।
अँधेरे में निकलती एक मिशाल बनकर,
देती है रोशनी एक चमन खिताब बनकर।
खुद के इरादों को किया है बुलंद इतना,
लड़ता रहा बेहिसाब बनकर।

124. जमाना क्या सिखाएगा

जो जिंदगी सिखाती है जमाना क्या सिखाएगा,
जन्मो जनम का टूट जाता है नाता ,
कोई इसका राज क्या बताएगा,
इस दुनिया की रीति है निराली,
इसको कौन निभाएगा।
पल भर के मेहमाँ है लोग यहाँ पर,
खरा उतरो उम्मीद पर तो हर कोई अपना बताएगा,
ठोकरें खाकर गिरता हु कोई क्या बताएगा,
गिरने पर हर कोई मुस्कुराता है,
जो जिंदगी सिखाती है जमाना क्या सिखाएगा।
उड़ कर गिर जाना पहचान है उड़ने वालों की,
गिर कर उड़ जाना एक विश्वास है चलने वालों की,
जमाना क्या सिखाएगा जब खुद का विश्वास डगमगाता है,
जो जिंदगी सिखाती है जमाना क्या सिखाएगा।
ज़िन्दगी है एक रोशनी की झलक,
उड़ जाओ सपनो का लेकर एक महक,
अपनी उड़ान को भर ले यहाँ,
तेरे पंख है उड़ान भरे,
जो जिंदगी सिखाती है जमाना क्या सिखाएगा।

125. आत्मबल

सपनोँ का दिप जला है आँखों में,
आत्मबल की चिंगारिया निकती,
कभी ख़ामोशी बोलती है,
कभी उदासी बोलती है,
दीवारों पर लिखा हर मासूमियत बोलती है।
आत्मबल है समुन्द्र की गहराईयाँ से टकराने की,
हमें ना तुम कमजोर समझना,
चाहत की गहराईयों में बस एक ओर समझना।
मेरी डगर ही अलग है तुमसे,
इसे मेरी कमजोरी ना समझना ,
सपनों को मजाक नहीं समझाना।
हर ख्वाईशो में बस आत्मबल को समझना,
जिसे कठिन समस्या का एक हल समझना,
सपनो का दिप जला है आँखों में।

126. धड़कन

यह दूरिया इतना महफ़ूज नहीं है,
दिल ना जाने इतना क्यू धड़कता है।
हमें खुदा से एक हिदायत है,
हर पल तुमको देखता रहु सपनो में।
तेरी सुरीली आवाजों की एक जादू है,
जिसे हर पल मैं सुनता हूँ।
छुपी है दिल में कुछ तस्वीरें,
जिसे हर पल देखता रहता हूँ।
दूर के रास्तो में दिल धड़कनें का एहसास है,
इस दिल में तेरी धड़कनों की एक आस है।
दिल में चाहत की एक गहराई है,
जो दिल में एक धड़कन बनकर समायी है.

127. २१-दिन कैसे जिन्दा रहूँगा इस जहाँ में

२१ कैसे जिन्दा रहूँगा इस जहाँ में,
नहीं कोई अनाज है मेरे मकान में,
बच्चे हैं भूखे घरवाली है एक आश में,
कैसे अब जिंदगी बचाऊ इस मकान में।
नहीं कोई काम और नहीं कोई धंधा,
सब जगह है मंदा ही मंदा,
कैसे रोजी रोटी कमाऊ,
क्या अपने परिवार को खिलाऊ।
भले के लिए उठाया गया कदम सरकार का,
दिन की कमाई मिटाती है भूख परिवार का,
ना भूलो हमें हम भी है इस देश में,
कर दो भला कुछ मेरे परिवार का।
नहीं मेरा कोई आशियाना नहीं कोई ठिकाना,
जाऊ तो कहाँ जाऊ सब जगह है पुलिस का आना-जाना,
कहीं हमें भी सरन मिल जाए मेरा भी है यह जमाना,
छुप-छुप कर रहना रोटी-रोटी के लिए है अब तरसना।

128. दास्ताँ

संसार में क्या हो रहा है,,
कुछ तो भूखे मर रहे है,
कुछ प्यासे मर रहे है,
पाबन्दी की ब्यवस्था है,
कुछ तो पैदल चल रहे है,
कुछ बस जिंदगी जी रहे है,
नहीं कोई ध्यान उन पर है,
जो भूखे मर रहे है।
कुछ तो इंतजाम कर रहे है खाना का,
कुछ तो पिट कर सताने का,
कुछ तो बेसहारा को समझ रहे है,
कुछ तो हैं बस धौस दिखाने का,
कुछ तो चलते है दीवानगी में,
तो कुछ रहते है अपने रवानगी में।
प्रकृति तो अपना खुद रास्ता बना रही है,
अपने उजड़ते मंजर को दिखा रही है,
नहीं ल्कोई छुपी अब दास्ताँ है,
जो उजड़ा चमन बसा रही है।
हाहाकार का मंजर नजर आ रहा है,
सोये हुआ ज़माना दिख रहा है,
फिर भी मौत का डर नजर आ रहा है,
प्रकृति का प्रकोप सबको सबक सीखा रहा है।

129. अत्याचार

खुदा ने एक बात बताई है,
विश्वाश में एक सच्चाई है,
आशा रखो हमेशा जीने का,
तेरी आशा में एक रुसवाई है।
मेरे साथ बहुत खिलवाड़ हुआ है,
हर जगह मानवता का शिकार हुआ है,
इस धरा पर बहुत अत्याचार हुआ है,
प्रकृति अब प्रलय बनकर आयी है,
तो अब क्यू हाहाकार मचा हुआ है।
छुपी है घरों में दुनिया,
चारो तरफ है अब सन्नाटा,
हर कोई वक़्त का इंतज़ार कर रहा है,
बस अब तो प्रकृति का गुलज़ार हो रहा है।

130. दोस्ती का पैगाम

दोस्ती एक कर्ज जिसे पूरा नहीं कर सकते दोस्तों,
ज़िन्दगी के कठिन पहलु से निकलने तो दो दोस्तों,
रास्ते की कठिन डगर पर हर पल साथ दूंगा दोस्तों,
सुख-दुख का साथी हमेशा रहूगा दोस्तों।
दोस्ती को खुदा भी कह दूँ तो कम है,
दोस्ती में जान भी दे दूँ तो भी कम है,
दोस्ती का प्यार तो सबसे बढ़कर है,
जितना भी प्यार करू वह कम ही है।
दोस्त के गमों को समेट लेना,
हर खुशियों में खुशी को भेट देना।
घूमता फिरता दोस्त का मिलना,
ज़िन्दगी के दास्ताँ को पिरो देना।
सभी गमों के आँशुओं को समेट लूँ ,
हर प्यार से बढ़कर दोस्ती को प्यार दूँ।
गम या खुशी के आँशुओं को परख लूँ ,
पास बैठकर सभी खुशिओं को पा लूँ।

131. अकेले

किसी का ना कोई सहारा,
अकेले ही कर जाना है।
कांटों भरा ये रास्ते है,
अकेले ही कर जाना है।
चिंगारियों के पथ पर जाना है,
तुझे ख्वाब को पाना है,
अकेले ही कर जाना है।

,
ख्वाब तुझे सजाना है,
आज नहीं तो कल उड़ जाना है,
अकेले ही कर जाना है।
कमबख्त दिल में क्या छुपा है,
जो तेरे नज़रों ने रुसवा किया है।

www.ingramcontent.com/pod-product-compliance
Lightning Source LLC
LaVergne TN
LVHW040439051026
849517LV00002B/675
9798885913591